Le guide de l'électricien

Chez le même éditeur :

Le guide du câblage universel, 2e édition, Jacques Nozick

Le guide de la maison branchée, Jacques Nozick

Le grand livre de l'électricité, Thierry Gallauziaux, David Fedullo

L'installation électrique, Thierry Gallauziaux, David Fedullo

Jacques HOLVECK

Le guide de l'électricien

EYROLLES

Éditions Eyrolles
61, Bld Saint-Germain
75240 Paris Cedex 05
www.editions-eyrolles.com

Sommaire

Introduction

L'installation électrique d'un immeuble, appartement ou maison individuelle, est réalisée à partir d'un point spécifique, celui du branchement au réseau public. À partir de ce point, matérialisé par les bornes de sortie du disjoncteur de branchement, commence l'installation privée sous la responsabilité de l'entrepreneur.

La conception schématique est étudiée, et les matériels composant l'installation sont choisis pour satisfaire aux exigences des textes réglementaires et des normes relatifs à la sécurité des usagers. Ils doivent également satisfaire aux exigences de durabilité et de bon fonctionnement dans les conditions normales d'utilisation et en fonction des situations particulières de l'environnement.

La conception d'une installation commence par l'étude des besoins, se poursuit par la conception schématique, le calcul de section des conducteurs, la définition des caractéristiques de l'appareillage et enfin le choix des matériels parmi les offres des constructeurs.

La mise en œuvre est réalisée conformément aux normes en tenant compte des règles particulières à certains locaux et emplacements.

L'installation électrique amenant l'énergie aux équipements (prises de courant, machines et appareils) et l'installation de communication (téléphonie, messagerie, vidéo son et image) transmise par câble ou antenne, sont de nature et de technologie très différentes. Ces installations font appel à des entrepreneurs spécialisés dont la formation professionnelle est spécifique à l'un ou à l'autre de ces domaines. La cohabitation des deux installations dans les mêmes gaines et les mêmes cheminements implique une compatibilité et des dispositions particulières afin d'éviter les perturbations qu'une installation peut apporter à l'autre.

1. Conception et structure d'une installation

Schémas des installations – symboles normalisés

L'étude d'une installation commence par l'élaboration d'un schéma de principe à partir du point de branchement. Ce schéma est conçu en fonction des besoins et des règles de sécurité.

Les besoins sont définis par le nombre des appareils et leur puissance consommée. La puissance maximale dans chaque circuit est estimée en tenant compte d'un coefficient d'utilisation, en considérant que tous les appareils ne sont pas en service simultanément. Par exemple, pour un circuit d'éclairage, on peut compter 80 % de la puissance totale de toutes les lampes ; en revanche, il faut compter que deux machines à laver ou une machine et un four peuvent fonctionner simultanément.

Les étapes suivantes sont :

- le calcul de section des conducteurs,
- la définition des caractéristiques des appareils,

- le choix des matériels en fonction du milieu environnant et des calculs et définitions élaborées aux étapes précédentes.

Les textes réglementaires exigent que les schémas d'une installation soient produits avant le commencement de la réalisation.

La norme NF C 15-100 précise (article 514.5) que les symboles utilisés soient ceux prescrits par les documents de normalisation (figure 1.1).

Symboles normalisés

Le schéma de principe est établi en utilisant les symboles normalisés, représentés figure 1.1. Ces symboles sont adoptés sur le plan international et repris par l'UTE (Union technique de l'électricité). Ils sont conformes aux normes NF C 03-201 à 211.

Avant-projet de l'installation

Une installation doit être pensée avant d'en établir le schéma.

L'installation privée commence aux bornes de sortie du disjoncteur de branchement installé par le distributeur (EDF dans le cas général). Ces bornes sont directement accessibles par l'utilisateur. Le tableau de distribution, installé directement en aval de ces bornes, est conçu en fonction des besoins : puissance et nombre de circuits, lesquels dépendent eux-mêmes des équipements prévus ou existants dans l'ensemble de l'installation.

Figure 1.1
Principaux symboles normalisés

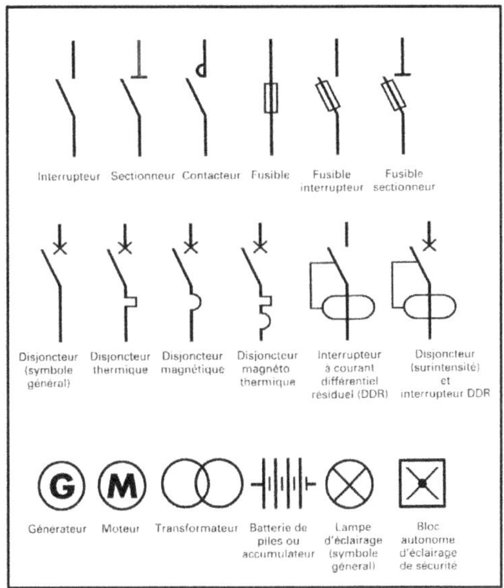

Définition des besoins

La puissance utile, fournie par le distributeur, peut être évaluée comme ci-dessous, dans les conditions normales d'utilisation domestique, la valeur élevée correspondant à un chauffage par convecteurs électriques :

- logement 1 ou 2 pièces : 3 ou 6 kW,
- logement 3 ou 4 pièces : 6 ou 9 kW,
- logement 5 ou 6 pièces : 9 ou 12 kW.

Si la maison comporte des dépendances, ces puissances peuvent être augmentées d'une tranche de 3 kW ou plus, suivant besoins.

Le nombre de prises de courant ou d'équipements alimentés par un même circuit dépend de :

- la puissance totale admise dans le circuit,
- la fiabilité et le confort recherchés.

Ainsi, quelle que soit la grandeur du logement, et pour raison de fiabilité, on doit prévoir au minimum 2 circuits d'éclairage, et 2 ou 3 circuits prises avec au maximum 5 prises de courant par circuit. Il est également recommandé de prévoir des circuits indépendants pour chaque machine, four et appareil de cuisson. Les figures 1.2 et 1.3 sont des exemples de répartition des circuits pour deux types de logement.

Conformément à la réglementation (NF C 15-100) :

- Dans le séjour, il doit être prévu au moins une prise par tranche de 4 m^2.
- Au-dessus du plan de travail en cuisine, il est recommandé de prévoir au moins 4 prises.
- Dans les salles d'eau, la présence d'une prise est conditionnée par les règles particulières à ce local (voir chapitre 3).

Les tableaux suivants résument l'essentiel de l'installation conforme aux normes d'un logement.

Tableau 1.1. Nombre de prises de courant par pièce

Pièces	Minimal	Recommandé
Entrée	1	2
Séjour	5	8
Chambres	3	4
Cuisine près du sol	2	4
Cuisine plan de travail	4	6
Petite cuisine (moins de 4 m^2)	3	4

Tableau 1.2. Nombre de points d'éclairage

Pièces	Minimal	Recommandé
Entrée	1	3
Séjour	3	5
Chambres	2	3
Cuisine	1	2

La figure 1.2 est un exemple de répartition pour un grand logement ou une maison individuelle avec dépendances.

Figure 1.2
Exemple de répartition des circuits d'un grand appartement

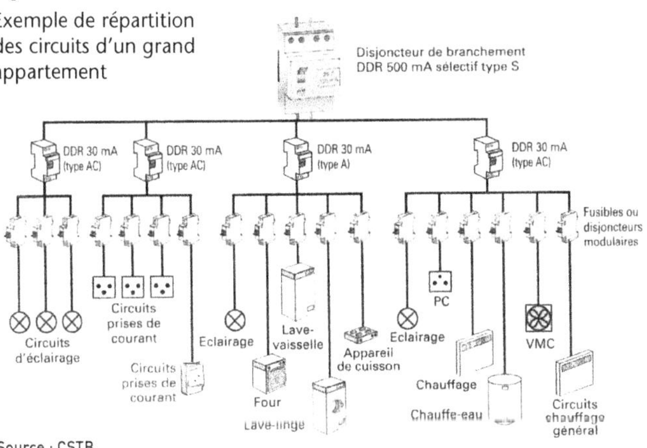

Source : CSTB

Plans de situation et aménagements

En fonction de la puissance des appareils installés, il faudra situer des prises de courant normales (16 A) et spécifiques (20 ou 32 A).

Le garage et l'atelier peuvent être équipés de prises 20 ou 32 A si des machines de puissance importante sont installées (à partir de 20 kW).

En cuisine, on doit prévoir au moins 4 circuits spécialisés pour les machines et appareils de cuisson, soit :

- le lave-linge,
- le lave-vaisselle,
- le four,
- autres matériels.

Le congélateur peut être alimenté par un circuit spécialisé à travers un transformateur de séparation pour le protéger des coupures indésirables.

La salle de bain ne comporte de prise de courant qu'aux conditions spécifiques aux salles d'eau détaillées au chapitre 2, p. 69.

Si le logement comporte des équipements spécifiques médicaux dont l'interruption ne peut être admise en aucun cas, ceux-ci doivent être alimentés à travers un transformateur de séparation, directement à partir du tableau de branchement.

Branchement au réseau – tableaux électriques

Dans les maisons individuelles, le matériel de branchement au réseau est installé sur un tableau (propriété du distributeur) qui peut être enfermé dans un coffret ou un placard à l'intérieur du logement. Cet emplacement doit être accessible à tout moment par l'usager, ce qui interdit une fermeture à clé. Si le compteur est installé en limite de propriété pour être accessible à l'agent de la société de distribution, un interrupteur général doit être installé à l'intérieur du logement, à un emplacement accessible à tout moment par l'usager (non fermé à clé). En pratique, c'est le disjoncteur général qui assure cette fonction.

Dans les immeubles collectifs le réseau est distribué aux logements à partir d'une gaine technique située dans les parties communes de l'immeuble.

Gaine technique logement

Dans les immeubles collectifs neufs, l'alimentation des appartements est faite au moyen d'une gaine verticale appelée gaine technique logement (GTL).

Cette gaine traverse tous les logements dans la hauteur d'un même corps de bâtiment. Dans cette gaine et au niveau de chaque logement, les usagers ont accès aux tableaux qui les concernent :

- le tableau électrique de branchement, comportant le compteur et disjoncteur de branchement,
- le tableau de communication, auquel sont connectés les câbles de téléphonie, de messagerie et les arrivées d'antennes,
- le tableau de répartition des circuits d'éclairage, de prises de courant et boîtes de branchement.

Dans les maisons individuelles, l'alimentation électrique est amenée à un tableau de branchement situé dans un coffret. Le compteur peut être reporté en limite de propriété, accessible à l'agent du distributeur d'énergie. Cette disposition est prise en accord avec le distributeur.

La situation de la GTL est prévue à la construction du bâtiment, conformément à la norme NF C 15-100, article 771.558-2-2.

Disposition des tableaux

La GTL est accessible depuis l'intérieur des logements. Elle contient, suivant une disposition normalisée (NF C 15-100, 771.558 et NF C 14-100), les trois tableaux :

- de branchement électrique,
- de communication,
- de répartition des circuits électriques.

Le cheminement en gaine des réseaux d'électricité et de communication est réalisé de manière à les séparer distinctement. En général, les câbles respectifs sont situés sur des faces opposées de la gaine.

L'installation en gaine et les dispositions prises pour la cohabitation des réseaux sont traitées au chapitre 2.

La fermeture à clé de la gaine n'est pas admise (NF C 15-100 - article 771.558.2.5).

Remarque

La norme NF C 15-100 autorise une liberté de conception de l'accès à la gaine, afin d'incorporer celle-ci aux besoins de la décoration intérieure du logement.

Règles générales de sécurité

La conception schématique et la définition des caractéristiques des appareils doivent être conforme aux règles de NF C 15-100 et particulièrement aux parties :

- 41 : protection des personnes contre les chocs électriques,
- 42 : protection contre les risques d'incendie et d'explosion,
- 43 : protection contre les surintensités,
- 44 : protection contre les perturbations de tension et perturbations électromagnétiques.

La nature des locaux et emplacements permet de définir la tension limite conventionnelle UL (voir glossaire) en fonction de la caractéristique de conduction électrique du milieu. Dans le cas général, la valeur de UL est :

- 50 volts pour les locaux secs (séjour, chambre, entrée, couloir, garage fermé...),
- 12 volts pour les salles d'eau et locaux « mouillés » ou présentant un risque de conduction électrique important.

Les circuits et leur protection

Chaque circuit est protégé contre les surintensités et contre les courants de défaut à la terre (protection DDR). Un même DDR peut protéger un groupe de circuits, comme le montre la figure 1.3.

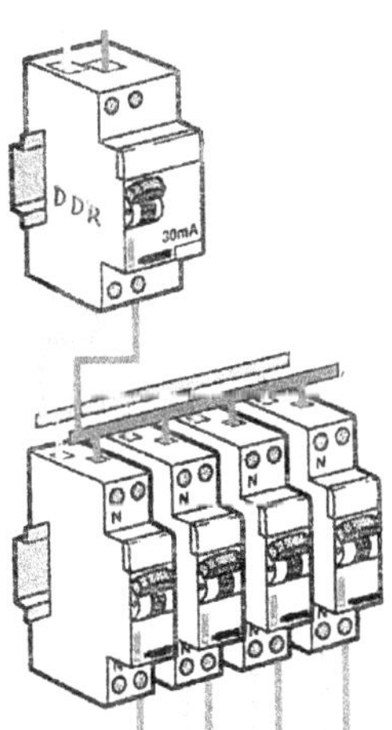

Figure 1.3
Ensemble de circuits protégés par un même DDR

Dispositifs de protection contre les surintensités

Les appareils de protection contre les surintensités sont de deux sortes :

- les disjoncteurs magnétothermiques,
- les cartouches fusibles.

Le disjoncteur a l'avantage d'être réenclenchable immédiatement dès que la source du défaut a été éliminée.

Dans la gamme des faibles et moyennes puissances, ces appareils sont du type modulaire, adaptés au montage sur rail normalisé.

Cas général des installations de logement

Étant donné les faibles longueurs de canalisation à l'intérieur des logements, le réglage des protections contre les surintensités et la section des conducteurs sont définis, en pratique, par les tableaux 1.3 et 1.4.

Tableau 1.3. Circuits intérieurs du logement

Équipements	Section cuivre (mm^2)	Protection (A)	
		Fusible	disjoncteur
Circuits d'éclairage (y compris les prises commandées)	1,5	10	16
Circuits prises de courant :			
< 5 socles au plus	1,5	Non autorisé	16
< 8 socles au plus	2,5	16	20
Machines à laver, four	2,5	16	20
Cuisinière et plaque de cuisson (monophasé)	6	32	32

Tableau 1.4. Circuits spécifiques aux appareils de chauffage électrique

Puissance (W) monophasé	Section cuivre (mm^2)	Protection	
		fusible	disjoncteur
2250	1,5	10	10
3500	2,5	16	16
4500	4	20	20
5750	4	25	25

Dans les cas d'équipements de forte puissance (supérieure à 5 kW) ou de longues canalisations (plus de 50 m), il est nécessaire de déterminer par calcul la section des conducteurs et le réglage de leur protection.

Principes de base

Au départ des tableaux, on considère que ce sont les canalisations qui sont protégées en fonction de leur section et de leur longueur. Par hypothèse, ces canalisations sont dimensionnées en fonction de la puissance des appareils qu'elles alimentent.

Les appareils de protection sont donc définis en fonction du dimensionnement des canalisations. Lorsqu'il est nécessaire de protéger individuellement une machine ou un équipement, celui-ci possède son propre dispositif intégré ou bien un appareil de protection qui lui est réservé et installé sur son alimentation directe.

Les défauts de surintensité affectant un circuit peuvent être :

- une surcharge due au fonctionnement inhabituel ou à un trop grand nombre d'appareils connectés simultanément,

- un court-circuit : phénomène qui équivaut à la disparition brutale de résistance électrique à un niveau quelconque le long du circuit.

Important

L'objectif absolu est que le dispositif de protection doit fonctionner dans un temps suffisamment court pour qu'aucun dommage ne soit causé au circuit concerné.

Dans le cas d'un court-circuit, ce temps est de l'ordre de 0,01 à 0,03 seconde, ce qui est réalisé avec les appareils de protection de qualité standard.

Technologie des dispositifs de protection

Évolution de la température d'un élément conducteur

La température est proportionnelle au carré de l'intensité :

$t°(c) = k\int i^2(dt)$

Température admissible des câbles et conducteurs

Elle doit être :

- au plus 70 °C pour les câbles isolés en PVC (polychlorure de vinyle),
- au plus 90 °C pour les câbles isolés en PR ou EPR (polyéthylène réticulé ou éthylène-propylène).

Caractéristiques d'un élément fusible

On distingue :

- fusibles ordinaires adaptés aux installations domestiques,

- fusibles à haut pouvoir de coupure (HPC) convenant particulièrement aux installations industrielles.

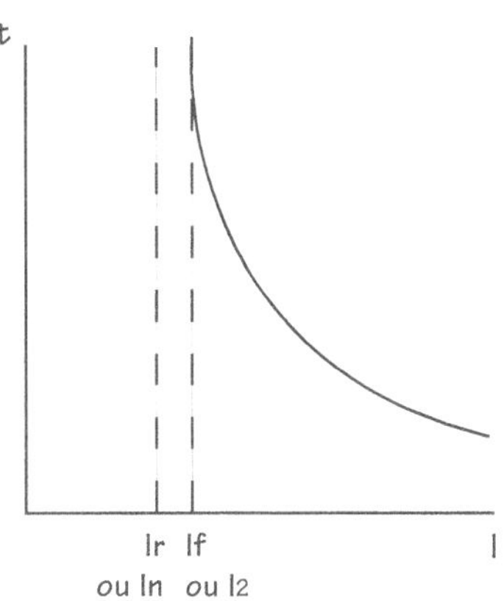

Figure 1.4

Ir = courant de réglage (ou courant assigné In, inscrit sur la cartouche fusible)

If = courant de fonctionnement du fusible (ou courant conventionnel I dans les documents normatifs)

Caractéristiques de fonctionnement d'un disjoncteur magnétothermique

Ce type de disjoncteur est composé de deux éléments : un élément thermique dont le fonctionnement est celui de la courbe « dth » et un élément magnétique dont le fonctionnement est celui de la courbe « dmt ». (Ce dernier est basé sur le principe de l'effet électrodynamique des courants.)

Note

Fusible ou disjoncteur assurent la même protection contre les surcharges et les courts-circuits, les constantes de temps sont simplement un peu différentes.

Figure 1.5

Ir = courant de réglage (ou courant assigné In, inscrit sur l'enveloppe de l'appareil)

If = courant de fonctionnement de l'élément thermique (ou courant conventionnel I dans les documents normatifs)

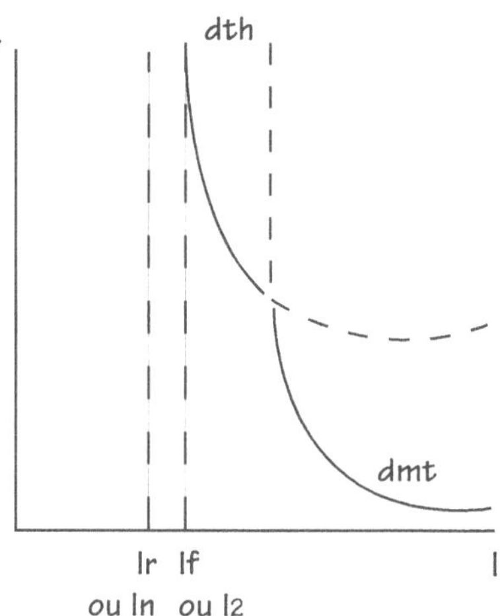

Comment déterminer les caractéristiques des appareils de protection

Dans le cas des schémas TT ou TN-S (voir glossaire) – (en pratique seul le schéma TT est employé dans l'habitation), il n'est pas nécessaire de prévoir une protection d'intensité sur le conducteur neutre des circuits, étant donné que la section de ce conducteur est la même que celle de la phase.

Définitions

- *Courant d'emploi I_B :* courant établi en service normal. Il est déterminé en considérant que c'est le courant permanent correspondant à la plus grande puissance utilisée en tenant compte des facteurs de simultanéité éventuels.

- *Courant de réglage I_r, ou courant assigné I_n :* il correspond à la valeur choisie pour le dispositif de protection, qui est celle inscrite sur le dispositif. Il faut savoir qu'elle est, de construction, inférieure dans un rapport déterminé, à celle de fonctionnement réel du dispositif (voir les conditions réglementaires ci-après).
- *Courant admissible (en permanence) dans un élément conducteur I_2:* courant maximal susceptible de se produire en permanence sans que la température du conducteur considéré soit supérieure à celle admise pour l'élément.
- *Courant de fonctionnement I_f ou courant conventionnel de fonctionnement I :* courant de fonctionnement réel du dispositif dans le temps conventionnel que celui-ci doit assurer.

Conditions réglementaires

En fonction des éléments connus, les conditions imposées sont :

- $I_B < I_r < I_z$
- $I_f \leq$ s1,45 I_z.

Dans la pratique :

- pour les appareils domestiques (conformes à NF C 61.400) : $I_f \leq 1,4\ I_r$,
- pour les appareils industriels (conformes à NF C 63-120) : $I_f \leq 1,3\ I_r$.

Attention

Une autre caractéristique conditionnelle est le pouvoir de coupure de l'appareil de protection : en effet, en cas de court-circuit, l'appareil doit se déclencher en un temps suffisamment court pour que lui-même et les éléments du circuit ne subissent aucun dommage.

Pouvoir de coupure d'un appareil sur court-circuit

Les courants de court-circuit peuvent atteindre des valeurs très élevées, limitées seulement par l'impédance des éléments du circuit en amont du défaut.

La règle est que l'appareil de protection se déclenche en un temps tel que lui-même n'est pas détruit par l'effet thermique ou par les efforts électrodynamiques (déformation mécanique des éléments) auxquels il est brutalement soumis.

Chaque dispositif a une caractéristique exprimée en kA qui représente la valeur maximale du courant de court-circuit Icc qu'il est capable d'interrompre dans son temps de fonctionnement.

Avec les appareils standards, ce temps est généralement compris entre 0,10 et 0,30 seconde.

Phénomène de court-circuit

Les amplitudes (valeurs maximales d'intensité) diminuent rapidement du fait de la croissance très rapide de l'impédance des divers éléments du circuit en amont du défaut. En particulier, l'impédance inductive croît fortement et ce facteur représente 70 à 90 % de l'impédance globale du circuit.

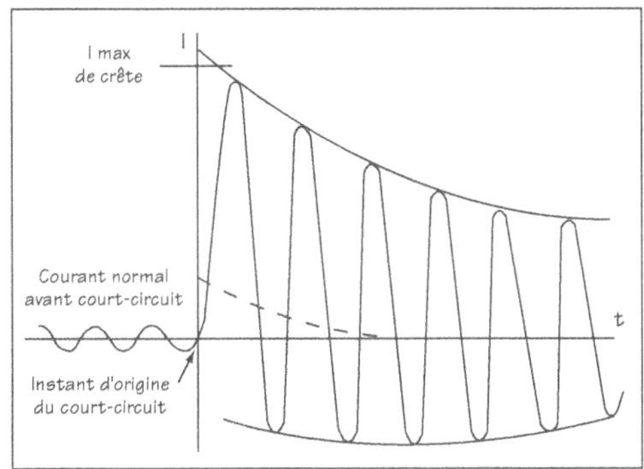

Figure 1.6
L'évolution du courant lors d'un court-circuit

Courant présumé et courant limite réel

Les constructeurs effectuent des essais réels de court-circuit sur des prototypes de leur fabrication, afin d'en vérifier les qualités.

Les observations montrent que le courant Icc est interrompu rapidement, avant que la première onde, dès la naissance du court-circuit, ait atteint l'amplitude présumée par le calcul.

Dans la réalité, le phénomène est plus complexe du fait de l'existence d'arcs qui prennent naissance entre les contacts dès le début de leur écartement, prolongeant ainsi le passage d'un courant dans les deux sens avant la coupure définitive du courant de court-circuit.

Évaluation du courant de court-circuit présumé dans les installations domestiques

Le calcul d'Icc présumé est complexe et ne présente un intérêt que dans le cas des installations industrielles avec des puissances importantes. Concernant les immeubles d'habitation et les maisons individuelles, la connaissance des caractéristiques du transformateur qui alimente directement le lot d'immeubles ou de résidences permet de déterminer le Icc maximal aux points de branchement des usagers. Cette valeur peut être obtenue auprès du distributeur d'énergie ou de l'entrepreneur qui a exécuté l'installation.

Au niveau du tableau de répartition des abonnés, les fusibles et disjoncteurs du commerce ont un pouvoir de coupure compris entre 1 et 10 kA suivant la valeur du courant d'emploi. Les catalogues des constructeurs donnent souvent des indications facilitant le choix. En zone rurale, l'Icc présumé peut être supérieur à ces valeurs. En cas de doute, l'avis du distributeur d'énergie doit être demandé.

Critères de sécurité des personnes – dispositifs DDR

Le phénomène d'électrocution, ou choc électrique, a lieu lorsque le corps est traversé par un courant d'intensité suffisante pour provoquer certains désordres biologiques qui vont de la simple commotion à la fibrillation cardiaque pouvant entraîner la mort.

Danger du courant électrique

L'importance d'un courant à travers le corps est fonction de la tension à laquelle est soumise la personne, et de la résistance électrique qu'elle oppose au passage du courant. C'est la fameuse loi : I = U/R.

La tension est celle du potentiel auquel la personne est soumise par « toucher » d'un élément sous tension, appelée tension de contact (symbole Uc).

La résistance globale présentée par le corps est la somme des résistances de la peau (au toucher) et des cellules du corps jusqu'aux pieds. Il faut ajouter la résistance des semelles de chaussures et celle du sol lui-même qui peut être plus ou moins isolant.

On peut penser que la somme des résistances extérieures (chaussures et sol) est suffisante pour limiter la gravité des effets du choc électrique, or il suffit d'un faible courant, de l'ordre de 10 mA, maintenu pendant plusieurs secondes, pour provoquer des désordres physiologiques graves.

Résistance propre au corps humain

La résistance du corps au courant électrique est très variable suivant les individus et les circonstances.

On a remarqué en particulier, qu'une personne travaillant sur une installation sous tension, connaissant le risque de sa situation de travail est beaucoup moins sensible (moins choquée), le cas échéant, que si elle se trouve subitement victime d'un contact imprévu, en situation normale dans un environnement qu'elle croyait sécurisé.

Par ailleurs, les individus sont, physiologiquement, différemment sensibles aux effets du courant.

L'état de la peau, au toucher, influe très sensiblement sur la résistance « de contact ». Ainsi, pour une tension de contact Uc de 230 V, la résistance au toucher peut être :

- en condition normale et peau légèrement humide : 1000 à 1500 ohms ;

- en état de peau mouillée : quelques centaines d'ohms, et moins en état de submersion.

Ces valeurs sont données à titre indicatif.

Facteurs influençant la dangerosité du courant électrique

L'intensité du courant, pour une même valeur, n'a pas les mêmes effets suivant la fréquence du courant et suivant la durée de passage du courant. La fréquence industrielle du réseau étant constante à 50 périodes par seconde (60 pour le continent américain), on prend en considération la durée de passage du courant pour la fréquence 50.

Principe de la protection par dispositif à courant différentiel résiduel

L'objectif est de détecter un courant de fuite par la masse d'un appareil en défaut, et d'interrompre automatiquement l'alimentation de cet appareil, dès lors que le courant de défaut atteint une valeur définie.

Sur le schéma de la figure 1.7, on a représenté par un éclair un courant de fuite produit par défaut d'isolement. Ce défaut a lieu entre la phase 1 et la carcasse métallique de l'appareil. La carcasse (ou masse de l'appareil) est de ce fait un potentiel de la phase 3 et un courant (de fuite) s'écoule à la terre par l'intermédiaire du conducteur « de protection » et de la prise de terre à laquelle sont reliées les masses de l'installation.

L'appareil de protection à « courant différentiel résiduel » (DDR) situé sur l'alimentation de l'appareil défectueux est constitué d'une bobine en forme de tore encerclant tous les conducteurs (phases et neutre) du circuit d'alimentation.

Figure 1.7

Représentation d'un défaut d'isolement entre phase (ici la phase 1) et masse d'un appareil

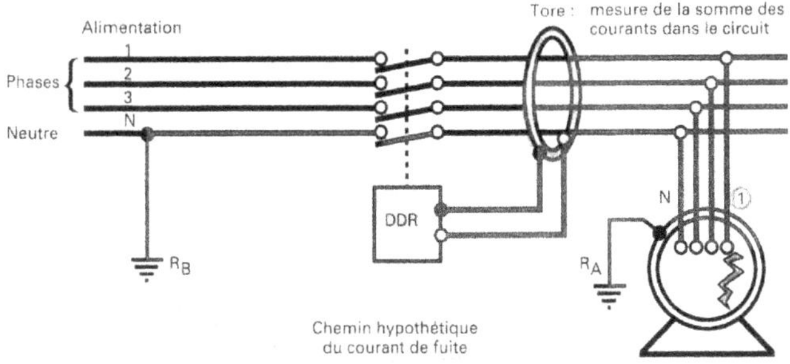

Ce dispositif constitue un transformateur dont les conducteurs encerclés sont le primaire et la bobine le secondaire.

Dans les conditions normales, sans défaut, la somme des courants dans l'ensemble des conducteurs formant primaire est nulle et le secondaire (tore) n'est induit par aucun courant. S'il apparaît un défaut de fuite par la carcasse de l'appareil, la somme des courants dans les conducteurs présente une différence non nulle égale au courant de fuite et le secondaire est induit par un courant proportionnel au courant de fuite. Ce courant est utilisé pour provoquer le déclenchement d'un interrupteur solidaire du dispositif DDR.

En résumé, dès l'apparition d'un défaut d'isolement affectant un matériel, l'alimentation de celui-ci est déclenchée, pour autant que les liaisons masse-prise de terre soient réalisées de manière à présenter la moindre résistance au courant de fuite. En effet, ce dernier doit être suffisant pour provoquer le fonctionnement du DDR.

Ceci montre l'importance des liaisons des masses avec la prise de terre et l'importance de l'efficacité de cette prise de terre.

Sensibilité des DDR

Les disjoncteurs de branchement des locaux d'habitation sont réglés pour se déclencher à un seuil de 500 mA, ce qui correspond à une valeur de prise de terre de moins de 100 ohms (et sous-entendu à des liaisons des masses quasi parfaites par les conducteurs de protection).

Pour une protection sûre dans les milieux particulièrement conducteurs (locaux humides et salles d'eau), des DDR intermédiaires doivent être installés dont les seuils sont, suivant les cas, 100, 50, 30 ou 10 mA.

Tension limite conventionnelle de contact

Il est acquis que l'intensité de courant est bien le facteur à prendre en compte en ce qui concerne les troubles physiologiques. Cependant, il est commode, si on admet que la résistance du corps humain est une constante, de prendre en considération un seuil de tension en deçà duquel le défaut peut être maintenu indéfiniment sans danger grave. Ainsi, suivant la qualité de conductibilité présentée par un milieu ou un local considéré, on admet une tension limite conventionnelle UL que la réglementation définit suivant le milieu à :

- 50 V dans le cas général ;
- 12 V pour les salles d'eau dans les volumes 0, 1 et 2 (voir chapitre 2), ainsi que dans certaines situations ou locaux dits « très conducteurs ».

Ces valeurs normalisées servent à définir les qualités des matériels du point de vue protection contre les contacts électriques.

Choix des DDR

Dans les logements, le disjoncteur de branchement est imposé par la réglementation à la valeur de 500 mA.

Les circuits au départ du tableau de répartition sont protégés par des DDR de 30 mA.

Il est recommandé dans les cuisines et salles d'eau de disposer directement sur l'alimentation des machines à laver un DDR de 10 mA.

Sur les circuits comportant un parafoudre (pour l'alimentation des matériels électroniques sensibles), le DDR doit être du type S ou à effet retardé et conforme aux caractéristiques exigées par la norme NF C 15-100 article 534-1.3-2.

Dispositifs de protection contre les surtensions

Le réseau véhicule des surtensions, dangereuses pour les matériels électroniques sensibles, qu'il y a lieu d'éliminer.

Par ailleurs, localement, des appareils producteurs d'étincelles (moteurs, contacteurs...) génèrent des ondes électromagnétiques induisant dans les circuits des courants perturbateurs altérant les informations traitées.

Indépendamment de ces perturbations, des coupures brèves de tension sur le réseau peuvent occulter des parties d'information qui sont perdues.

Figure 1.8
Exemples de perturbations de tension sur le réseau

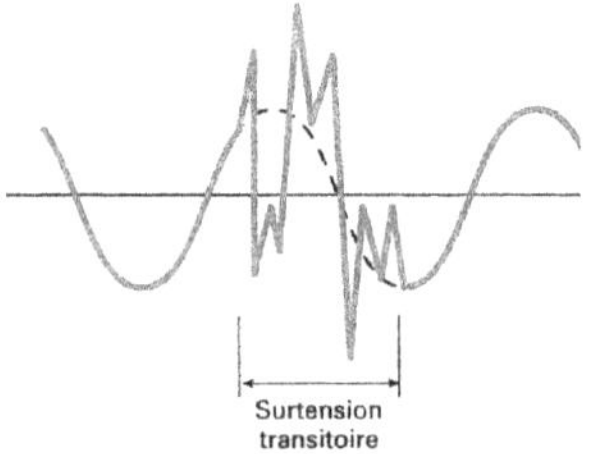

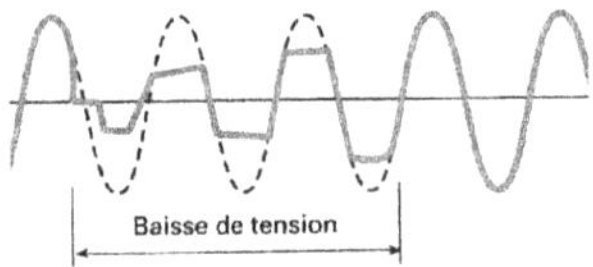

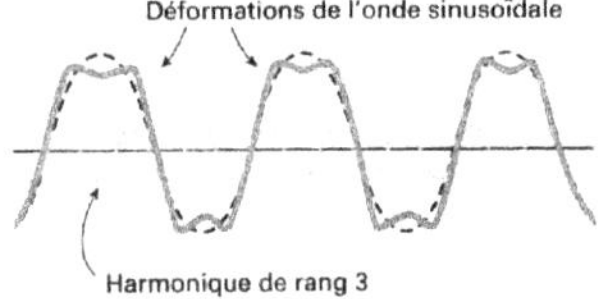

Dans toute installation, des moyens de protection adaptés doivent être installés autant qu'il sera besoin. La mise en place de tels moyens est imposée par la réglementation et particulièrement NF C 15-100, articles 330-1 et 444-3.

Les techniques appliquées aux matériels en vue de maintenir leur continuité de fonctionnement et d'être insensibles aux perturbations est le domaine de la compatibilité électromagnétique.

Nature des perturbations de tension du réseau

Les surtensions à craindre sont celles de grande amplitude, les courants harmoniques, et les coupures ou baisse de tensions. Ces perturbations ont des formes diverses suivant leur origine. On peut les classer ainsi :

- coupures brèves et creux de tension ;
- surtensions dites « de manœuvre », dues au fonctionnement de contacteurs sur des circuits inductifs dans les complexes industriels branchés au même réseau ;
- surtensions d'origine atmosphérique, dues aux orages qui créent par induction des surtensions importantes dans les lignes aériennes ;
- courants harmoniques qui se superposent au courant normal ;
- déformations de l'onde de tension dues à des phénomènes divers tels que :
  - ondes électromagnétiques,
  - composantes continues,
  - courants de fuite.

Dangers des surtensions

Les courants harmoniques sont produits essentiellement par des appareils comportant des éléments électroniques de puissance tels que : redresseur, onduleur, variateur de vitesse, machine à souder, lampe à décharge...

Les surtensions de grande amplitude sont généralement transitoires et de courte durée. Elles sont dues à des manœuvres de fermeture-ouverture de contacteurs ou disjoncteurs sur des circuits de puissance, mais le plus souvent par les orages atmosphériques dans les régions à haut niveau kéraunique.

Tenue au choc des matériels sensibles – mesures de protection

Les phénomènes dangereux pour les matériels électroniques sont les pics de surtension dus aux manœuvres et les fronts d'onde dus aux phénomènes atmosphériques.

Au niveau du point de branchement (bornes de sortie du disjoncteur de branchement installé par le distributeur), et compte tenu des dispositions prises le long du réseau par le distributeur d'énergie, les surtensions dépassent rarement 1,5 kV et dans certains cas 2,5 kV, dans les zones urbaines alimentées par réseau souterrain.

Cependant, dans les résidences alimentées directement par une ligne aérienne, ces valeurs peuvent être dépassées.

Les matériels électroniques conformes à NF C 15-100, article 443-4 sont de l'une ou l'autre des qualités suivantes :

- classe I = tenue au choc jusqu'à 1,5 kV ;
- classe II = tenue au choc jusqu'à 2,5 kV.

Dans les situations ou le risque existe de dépasser ces valeurs, les circuits d'alimentation doivent être protégés par des parafoudres.

D'autres dispositions peuvent être utilisées, par exemple :

- l'intégration de filtres électroniques dans les circuits d'alimentation ;
- l'installation de transformateur d'isolement entre le réseau et le point de branchement des appareils.

Par ailleurs, des précautions particulières doivent être prises concernant l'équipotentialité des masses et des gaines écran des câbles (voir chapitre 2).

Dispositifs de protection

La protection des matériels est envisagée dans les cas suivants :

- existence de surtensions induites dans le réseau,
- surtensions transitoires d'origine atmosphérique.

Dans tous les cas, le niveau kéraunique de la région est à prendre en compte.

Lorsque le bâtiment est équipé d'un système de protection contre la foudre (paratonnerre ou cage maillée), l'installation de parafoudres est obligatoire, quelles que soient les autres dispositions prises éventuellement. Il en est de même pour les circuits de communication (lignes téléphoniques et câbles de messagerie).

Installation des parafoudres

Un parafoudre est connecté sur le circuit d'alimentation des appareils à protéger, en aval de l'appareil de protection contre les surintensités (voir annexe 1).

Dans les installations domestiques, ils sont du type modulaire et généralement montés dans le tableau de répartition.

Les liaisons entre parafoudre et circuit d'alimentation doivent être aussi courtes que possible.

Parafoudre

Le rôle d'un parafoudre est de limiter la grandeur des surtensions induites dans le réseau, à une valeur compatible avec la tenue au choc des matériels sensibles.

Attention : un parafoudre ne protège pas contre le foudroiement direct sur le bâtiment.

La protection d'un bâtiment contre le foudroiement direct est réalisée, lorsque c'est nécessaire, au moyen d'un système conducteur enveloppant le bâtiment suivant le principe de la cage de Faraday.

Niveau kéraunique

Le niveau kéraunique (classification AQ) représente le nombre de jours par an où « on entend le tonnerre » dans la région considérée (NF C 15-100 article 443-1).

Coordination des dispositifs de protection – sélectivité

La coordination entre les appareils de protection intéressant un même circuit est un facteur essentiel qui doit être étudié lors de la conception de l'installation.

La sélectivité est l'étude de cette coordination, afin qu'un défaut survenant en un point quelconque de l'installation soit éliminé par l'appareil de protection situé immédiatement en aval, et par lui seul.

Sélectivité concernant les surintensités

La coordination entre appareils dans une même chaîne (figure 1.9), est correcte si l'appareil D2 s'ouvre et que D1 reste enclenché. Cette règle doit être respectée aussi bien pour les courants de surcharge que pour les courants de court-circuit.

Dans le cas général, les conditions de sélectivité sont :

- pour les surcharges : courant de réglage D1 = au moins 1,6 fois celui de D2 ;
- pour les courts-circuits : courant de réglage D1 = au moins 2 fois celui de D2.

Le cas des circuits comportant des moteurs est plus délicat. Dans la pratique, les constructeurs indiquent dans leur catalogue les informations utiles pour la bonne coordination entre les appareils de leur fabrication.

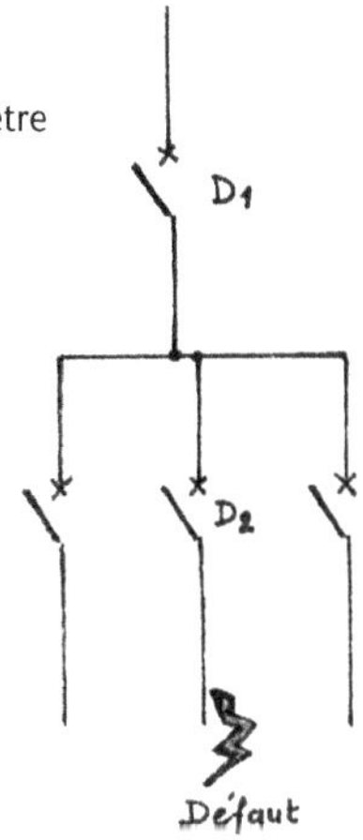

Figure 1.9

Coordination entre disjoncteurs : D_2 doit être le seul à déclancher

Sélectivité concernant les courants de défaut à la terre

La sélectivité est obtenue aux conditions suivantes, de courant et de temps :

- seuil de DDR 1 = au moins 2 fois celui de DDR 2 ;
- temporisation au déclenchement de DDR 1 = 50 mS.

Dans le cas particulier d'un circuit comportant un parafoudre, le (ou les) DDR situé en amont doit être temporisé d'environ 50 ms ou être du type S normalisé (voir paragraphe suivant).

Compatibilité entre parafoudre et appareil de protection DDR

Le fonctionnement d'un parafoudre sous l'effet d'un courant de choc provoque normalement le déclenchement du DDR situé en amont sur le même circuit. On évite cet inconvénient en choisissant un DDR de type S.

La caractéristique du DDR de type S est la suivante : il doit satisfaire à l'essai de courant 8/20 microseconde au niveau de 5 kA. Le but est que le DDR ne se déclenche pas avant que le parafoudre ait assuré sa fonction.

La caractéristique 8/20 est celle considérée par la normalisation française (NF C 61.740), correspondant à la forme d'onde représentée à la figure 1.10.

Figure 1.10
Caractéristiques d'un DDR de type S

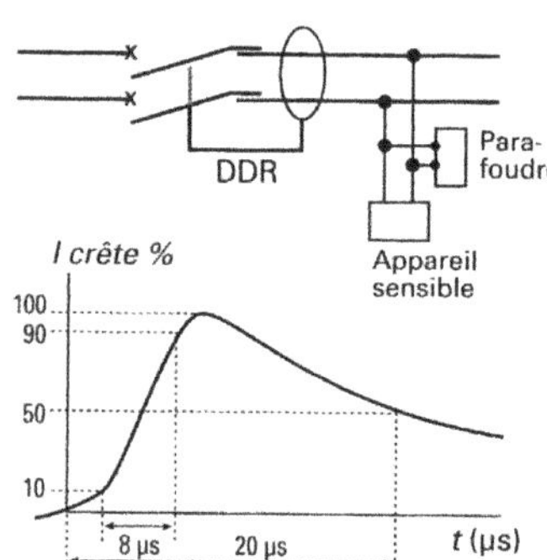

Choix des parafoudres

Sur les réseaux d'alimentation électrique, ils doivent être conformes à NF C 61.940, et comporter une signalisation mécanique ou lumineuse de « fin de vie » lorsqu'ils doivent être remplacés. En effet, les contraintes subies à chaque service détruisent rapidement le système de fonctionnement des parafoudres.

Il est souhaitable que le même signalement existe sur les parafoudres installés sur les réseaux de communication.

Éléments de calcul de section des conducteurs

Les services généraux comportent des machines dont le courant de démarrage peut atteindre 3 à 6 fois le courant nominal. Par ailleurs, la longueur des canalisations est cause d'une chute de tension qui ne doit pas être supérieure à celle admise pour le fonctionnement des équipements. Enfin, le mode de pose des canalisations est plus ou moins favorable à l'évacuation de chaleur des conducteurs.

La section des conducteurs est calculée en fonction de ces différents critères.

Remarque

La principale difficulté est d'estimer aussi précisément que possible l'intensité du « courant d'emploi » (symbole IB, voir glossaire), ou courant normal, dans les conditions habituelles pour chaque circuit.

Ce courant dépend des éléments suivants :

- nature des équipements alimentés,
- grandeur du courant de démarrage,
- fréquence des démarrages,

- grandeur des courants de surcharge et leur durée,
- simultanéité de fonctionnement de plusieurs équipements sur un même circuit.

L'expérience et les informations recueillies permettent de présumer pour chaque circuit la valeur du courant d'emploi.

La valeur du courant de réglage Ir, ou courant assigné des appareils de protection des circuits, doit être supérieur, dans une proportion à définir, au courant d'emploi (voir dans cette section le paragraphe « Comment déterminer les caractéristiques des appareils de protection ».

La section des conducteurs est calculée telle que l'échauffement soit admissible et que la chute de tension au point d'utilisation soit :

- au plus 3 % pour l'éclairage,
- au plus 5 % pour les autres usages.

La section du conducteur neutre est la même que celle des conducteurs de phase pour les circuits de petite section.

Dans tous les cas, et pour les circuits terminaux, la section minimale des conducteurs est :

- 1,5 mm^2 pou l'éclairage,
- 2,5 mm^2 pour les prises de courant.

Évaluation pratique de section des conducteurs

Dans le cas général et pour des longueurs connues, le tableau ci-après permettent de déterminer rapidement la section minimale des conducteurs en fonction des appareils ou services alimentés. Ces valeurs sont données à titre indicatif.

Tableau 1.5 Évaluation des conducteurs

Section (mm^2)/ Longueur (m)	Courant d'emploi présumé (I_B) (Ampères)						
	10	16	20	25	32	40	50
2,5	25	15	13	10	8	-	-
4	40	25	20	16	13	10	8
6	60	38	30	25	20	15	12
10	100	65	50	40	32	25	20
16	165	100	80	65	50	40	32
25	255	160	130	100	80	65	50
35	360	225	180	140	110	90	70

Domotique et télécommunications

L'installation électrique d'un immeuble, qu'il soit existant ou neuf, n'est pas concevable aujourd'hui sans qu'il soit tenu compte de l'informatique, des communications et des systèmes de commande, par fil ou sans fil, des équipements domestiques modernes.

Dans les immeubles anciens, on n'a pas prévu l'importance que prendraient le câblage et les matériels nécessaire à ces nouveaux besoins. Jusque dans les années 1960, seuls existaient le fil téléphonique et le câble coaxial de la télévision, pour lesquels un espace était réservé dans la gaine du câble de puissance.

Dans les immeubles neufs, la gaine technique (GTL) est conçue pour contenir les câbles de télécommunications et le tableau spécifique auquel ils sont raccordés.

Pour aller plus loin

Pour plus de renseignements à ce sujet, vous pouvez vous reporter au Guide du câblage universel *de Jacques Nozick, Éditions Eyrolles, 2005.*

Réseaux communications de l'immeuble

Pour l'ensemble de l'immeuble, le réseau téléphonique est distribué jusqu'à un coffret répartiteur, généralement situé au sous-sol, dans un local technique ou à un emplacement qui lui est réservé. Ces mêmes fils peuvent transmettre la messagerie à haut débit du réseau Internet.

La vidéo son et image captée par antennes est acheminée par la gaine technique jusqu'aux tableaux propres à chaque abonné.

Tableau communication (TC) ou boîtier de raccordement usager (BRU)

Dans les immeubles neufs, le tableau (ou le boîtier) comporte au moins les éléments suivants :

- une série de bornes RJ 45 auxquelles sont raccordées les sources ;
- une autre série de bornes auxquelles sont raccordées les circuits des prises de communication réparties dans le logement ;
- les accessoires : modems et interfaces de traitement des signaux.

Entre les bornes d'arrivée et celles des départs alimentant chaque prise, des cordons de brassage sont connectés de manière à transmettre la source désirée à la prise choisie dans le logement.

Système de câblage universel Voix données images (VDI)

Le précâblage des logements est conçu pour permettre la connexion de tous les équipements de communication existants (téléphone, ordinateur, portier vidéo, système d'alarme, télésurveillance, etc.).

Le système de précâblage universel élaboré en 1988 utilise un câble à quatre paires torsadées et un modèle de prise standardisé type RJ 45.

Dans les cahiers des charges, l'expression « câblage VDI » remplace le « câblage courants faibles » devenu désuet.

Dans les réhabilitations, les câbles existants, paire téléphonique, câbles coaxiaux TV, peuvent être raccordés à un système universel équipé de prises type RJ 45 au moyen de cordons interface.

La topologie adoptée est celle de la structure en étoile (voir glossaire) par laquelle toutes les prises de communication sont reliées individuellement au tableau communication centralisateur des sources.

Accès à Internet

L'intérêt de l'usager est de disposer d'un accès sûr à haut débit.

Plusieurs systèmes, par fil ou par onde, réalisent ces objectifs avec plus ou moins de qualité. Les principaux moyens d'accès sont les suivants :

- Câble : liaison utilisant le câble coaxial TV existant. Un modem est nécessaire pour la télévision, un autre pour la messagerie Internet.

- ADSL (asymmetric digital subscriber line) : liaison utilisant le fil téléphonique existant. Un boîtier ou une carte de conversion permet d'utiliser simultanément la liaison téléphonique et la messagerie Internet.
- Satellite : lorsqu'il est difficile d'accéder par câble ou par ADSL, la liaison hertzienne par satellite au moyen d'une antenne parabolique permet également un accès à haut débit. Il en est de même des liaisons radio par GSM ou UMTS.

L'usager doit comparer les qualités de haut débit pour fixer son choix, entre le câble et l'ADSL.

Le fournisseur d'accès à Internet (FAI) propose généralement plusieurs niveaux de qualité compris entre 128 et 2048 kbits en réception, et entre 64 et 512 kbits en émission. Il faut savoir que ces valeurs ne sont pas absolument garanties, car elles dépendent de l'encombrement du réseau.

Équipement d'un logement

Le câblage standardisé avec prises RJ 45 permet toutes les options de la VDI. Il est recommandé de le réaliser, même dans l'existant et dans tous les cas de réhabilitation. Les équipements équipés d'anciens connecteurs peuvent être branchés aux prises RJ 45 au moyen d'un cordon adaptateur.

Parallèlement au câblage, beaucoup d'équipements peuvent être commandés par télécommande à infrarouge ou onde radio. Ces systèmes se généralisent de plus en plus et peuvent coexister avec le câblage filaire universel. Ils présentent l'intérêt, dans l'existant particulièrement, de ne pas créer de nouvelles canalisations.

L'équipement d'un logement en prises de communication dépend des besoins. Il faut prévoir l'évolution future en munissant chaque pièce d'un nombre suffisant de prises. À proximité de chacune de ces prises, prévoir également une prise électrique pour le branchement d'alimentation des équipements. On doit considérer que l'équipement « normal » est celui qui doit être réalisé pour satisfaire un usage confortable des équipements de communication.

Services de la domotique ou gestion du bâtiment

La gestion et la programmation des différents services d'un logement tels que le chauffage, le système d'alarme et sa transmission à distance, la commande de volets roulants, la détection d'incidents (fumée, chaleur, intrusion, arrêt du chauffage, arrêt du congélateur...), constituent un ensemble de technologies auquel on a donné plusieurs noms :

- Domotique : ensemble des technologies appliquées à un logement, permettant la surveillance, la commande, la gestion et la programmation d'équipements et services.
- Maison intelligente : maison conçue et adaptée pour assurer les fonctions dévolues à la domotique.
- Gestion technique du bâtiment (GTB) : surveillance et commandes centralisées des équipements d'un immeuble : chauffage collectif, ascenseurs, portes automatiques, contrôle d'accès, etc.

Dans le logement, les différents services de la domotique peuvent être classés ainsi :

- pour le confort de l'habitant
  - commande et programmation du chauffage,
  - commande et programmation d'éclairage,
  - commande de volets roulants, portes de garage, etc.

- pour la sécurité technique
  - détection et avertissement de chaleur anormale, de fumée, de gaz...,
  - présence anormale d'eau (fuite),
  - montée en température du congélateur,
  - arrêt de la chaudière.
- pour la sécurité contre l'intrusion et le vandalisme
  - détection de mouvement de personne ou d'animal,
  - détection de bruit anormal.

Les détecteurs assurant ces diverses fonctions sont basés généralement sur des principes de physique par lesquels la grandeur détectée est convertie en une tension électrique permettant l'avertissement ou la commande éventuelle d'un processus prévu pour la sécurité.

Une alerte ou information peut être transmise à distance, par le réseau téléphonique, à l'usager concerné ou à une société de surveillance.

Gestion de la consommation électrique

L'une des méthodes pour gérer économiquement la consommation d'énergie consiste à utiliser les signaux d'information fournis par le distributeur (EDF).

Ces signaux sont communiqués en temps réel par un câble spécifique acheminé parallèlement au câble d'énergie. Ce câble aboutit à des bornes au niveau du tableau de branchement.

Les informations recueillies à ces bornes sont utilisées pour le délestage éventuel d'appareils gros consommateurs et pour la connaissance de tarification en temps réel (tarif « jour/nuit » par exemple).

Liaisons locales au réseau Internet par onde radio – système Wi-Fi (wireless fidelity)

Ce mode de liaison local permet la connexion au réseau Internet par onde, si on est à proximité d'une borne relais connectée au réseau. La distance permise est d'une centaine de mètres, mais peut être inférieure suivant la configuration de l'environnement.

L'avantage est celui d'être indépendant de la liaison filaire et aussi de permettre la connexion de plusieurs usagers dont un seul est nécessairement abonné – le propriétaire de la borne relais.

Ce système, appelé Wi-Fi, existe dans certains cafés, hôtels, aéroports... L'usager doit disposer d'une carte Wi-Fi dans l'ordinateur ou d'un adaptateur sans fil avec sortie USB.

Compatibilité électromagnétique (CEM)

Les matériels électroniques sont sensibles aux perturbations propagées par le réseau ainsi qu'aux ondes électromagnétiques produites par des machines productrices d'étincelles (moteurs, machines à souder, etc.).

La « compatibilité électromagnétique » est l'ensemble des qualités présentées par les matériels électroniques de ne pas être perturbés et de ne pas émettre eux-mêmes de perturbations.

Les moyens de la CEM sont essentiellement :

- les filtres aux fréquences indésirables,
- des transformateurs d'isolement sur les circuits d'alimentation,
- une séparation ou éloignement vis-à-vis des canalisations et équipements de puissance,

- le blindage des boîtiers contenant le matériel à protéger,
- le blindage par écran métallique des câbles connectés aux matériels concernés,
- une équipotentialité parfaite des masses, des gaines écran et des blindages par des liaisons aussi courtes que possible,
- l'installation de parafoudres.

Coupures de l'alimentation – alimentations autonomes

Les coupures d'alimentation du réseau et surtout les coupures brèves (durée de l'ordre de l'onde qui sont inobservables en pratique) interrompent le processus de fonctionnement des ordinateurs et altèrent une partie des informations dans les opérations de calcul.

Ces événements sont graves s'ils ne sont pas connus (cas des coupures brèves) en faussant les calculs d'un programme sans qu'on en ait connaissance.

Pour se garantir de ces aléas, la solution est de disposer d'une alimentation autonome substituée au réseau.

Les sources autonomes du marché sont généralement des alimentations statiques composées d'une batterie à courant continu alimentant un onduleur qui fournit un courant alternatif identique à celui du réseau. La batterie est elle-même alimentée par le réseau à travers un redresseur qui la maintient en charge permanente.

Aides au choix d'un système et d'un mode de gestion des services

Les choix techniques et les « choix de vie » dans une maison dépendent de la personnalité et des habitudes de l'habitant. Dans quelle mesure préfère-t-on le « manuel » à l'automatique ? A-t-on envie de centraliser au maximum ? Quels usages fait-on de l'ordinateur dans la gestion des services ?

Si les choix techniques sont aisés, les choix de mode de vie sont personnels et souvent évolutifs.

- Pour le câblage : dans les cas de réhabilitation ou simplement d'amélioration de l'habitat, on a intérêt à réaliser un réseau en câble universel à quatre paires torsadées et d'installer des prises RJ 45 en nombre suffisant dans chaque pièce.
- Choix du câble : il est recommandé, pour les signaux audiovisuels, d'utiliser un câble dont au moins deux paires sont écrantées (blindées), dont la caractéristique est 200 hertz. Ou mieux : un câble dont les quatre paires sont écrantées : qualité 900 hertz.

Ces caractéristiques sont désignées respectivement par « grade 2 » et « grade 3 » dans la normalisation.

- Pour des liaisons dépassant 90 mètres, la fibre optique est pratiquement seule capable de conserver la qualité de haut débit.
- Télécommande sans fil : les télécommandes par onde ou infrarouge peuvent coexister avec l'usage filaire.
- La technique infrarouge est limitée aux liaisons courtes entre deux appareils, sans obstacles sur le trajet. La technique radio est plus globale, elle permet la

communication entre plusieurs ordinateurs ou périphériques et ne tient pas compte des obstacles.

- Système d'accès à Internet : actuellement, la préférence est au mode ADSL dont la vitesse de connexion est dans la fourchette 512 à 2048 kbits.
- Le système sans fil Wi-Fi est intéressant à cause de la mobilité qu'il permet (pas de connexion à une prise), dans un rayon inférieur à 100 mètres.

Par ailleurs, plusieurs usagers peuvent profiter de ce mode de liaison, puisque seul le possesseur de la borne relais est nécessairement abonné au réseau.

2. Branchement au réseau public et mise en œuvre

Le volume des appareils et accessoires électriques nécessaires à une installation comporte plusieurs milliers de produits. Quelques centaines seulement sont utiles pour la réalisation d'une installation de logement individuel ou des parties communes d'un immeuble.

Dans les catalogues des constructeurs, les matériels présentés sont accompagnés de commentaires permettant d'effectuer le choix des produits en fonction des besoins et des caractéristiques du lieu de leur installation.

Ces documents constituent une sorte d'encyclopédie des produits existants, comme l'était à une époque révolue le *Catalogue de la manufacture d'armes et cycles de Saint Étienne*, dans les domaines du confort et des loisirs.

Appareillage des tableaux et armoires

Une installation a pour objectif de permettre à l'usager de disposer de l'énergie électrique dans tous les lieux choisis, et ceci avec la plus grande sécurité et la plus grande fiabilité.

Une installation domestique, simple ou sophistiquée, comporte au moins les éléments suivants :

- Un appareil de séparation du réseau et de protection de l'ensemble de l'installation en aval ; c'est le disjoncteur de branchement installé par le distributeur.
- Des appareils divisionnaires de protection des circuits contre les surintensités (disjoncteurs ou coupe-circuits à fusible).
- Des dispositifs de protection contre les chocs électriques.
- Des dispositifs de protection contre les surtensions, lorsque c'est nécessaire.
- Des appareils de gestion des services tels que programmateurs, télérupteurs, variateurs, etc.
- Des accessoires de raccordement (barrettes et borniers) et leurs supports de montage.
- Des tableaux, coffrets et armoires destinés à contenir et protéger les matériels.
- Des canalisations comprenant les conducteurs et câbles et leurs supports (chemins de câbles, conduits, goulottes, plinthes, etc.).
- Des prises de courant, interrupteurs, et boîtiers de raccordement.

Disjoncteur de branchement

Cet appareil assure la séparation par rapport au réseau, et la protection générale contre les surintensités. Dans le cas des installations de logement, il comporte un dispositif à protection différentielle résiduelle (DDR) assurant la protection des usagers contre le risque de choc électrique.

Les caractéristiques générales de ce type d'appareil sont :

- puissance pour les installations de logement : entre 3 et 9 kW ;
- puissance pour les services généraux : entre 15 et 250 kVA ;
- pouvoir de coupure (sur court-circuit franc) : entre 10 et 50 kA
- protection contre les surintensités : assurée par déclencheur thermique contre les surcharges et par déclencheur magnétique contre les courts-circuits ;
- protection à courant différentiel résiduel : 500 mA pour les logements ; suivant les cas pour les services généraux.

Appareils de protection divisionnaires type modulaire

Il s'agit des appareils installés au départ des circuits, généralement montés sur des rails normalisés.

La protection des circuits contre les surintensités est assurée par des disjoncteurs ou des coupe-circuits à élément fusible. Le disjoncteur comporte un élément déclencheur contre les surcharges et un élément déclencheur contre les courts-circuits. Le coupe-circuit comporte un seul élément (fusible), qui assure globalement les deux mêmes protections.

L'intensité nominale de service est comprise entre 2 et 32 A dans le domestique courant.

La protection contre le risque de choc électrique est assurée par des disjoncteurs ou des interrupteurs à courant différentiel résiduel (DDR, voir chapitre 1) dont le seuil est compris entre 10 et 30 mA dans le cas des logements.

Tous ces appareils sont prévus pour être montés sur des rails normalisés dont sont munis les boîtiers, coffrets ou armoires.

Leur pouvoir de coupure est généralement compris entre 2 et 10 kA, et exceptionnellement jusqu'à 50 kA dans les situations où cela est nécessaire.

Les appareils de protection contre les surtensions (appelés du nom général de parafoudre) sont de trois niveaux de capacité d'écoulement du courant : standard, élevé et haute capacité (HC). Leurs capacités d'écoulement sont respectivement de 15, 40 et 70 kA. Un voyant lumineux signale leur état après chaque service : vert = en état de fonctionnement, orange = module à remplacer (voir chapitre 1). Des modèles de parafoudre existent également pour la protection des lignes téléphoniques et des câbles de communication.

Coffrets, armoires et boîtiers

Ces enveloppes ont un rôle principal de cache-borne afin d'empêcher un contact direct avec les parties métalliques des bornes de raccordement des appareils et des barrettes de connexion. Leur second rôle est d'apporter une protection des appareils contre les influences extérieures possibles de l'environnement (température, air salin, etc.). Une ouverture est pratiquée sur la face avant, dont les dimensions sont adaptées à l'appareillage modulaire placé à l'intérieur, permettant ainsi de manœuvrer les appareils sans ouvrir la face avant.

Ces enveloppes existent en plusieurs volumes en fonction de l'importance et du nombre d'appareils contenus.

Elles sont équipées de rails normalisés pour le montage des appareils modulaires.

Elles présentent des qualités de résistance au choc et d'étanchéité à la pénétration des liquides et des poussières en fonction du milieu où elles sont installées.

Accessoires de connexion

On distingue trois types de connexion : les bornes indépendantes pour le raccordement de deux conducteurs, les borniers réunissant plusieurs bornes côte à côte, et les « peignes » dont les lamelles présentent un écartement normalisé permettant de réunir au même potentiel toutes les bornes d'entrée d'un groupement d'appareils modulaires assemblés côte à côte.

Les bornes indépendantes sont conçues pour être montées sur rail normalisé. Il existe de simples bornes, dites « dominos », pour le raccordement en attente à l'intérieur de boîtiers, permettant le branchement de luminaires, d'appliques, ou de convecteurs de chauffage.

Canalisations, prises, éclairage

Une canalisation comporte les conducteurs ou câbles, leurs supports (conduits, goulottes, chemins de câbles, etc.), et les accessoires de raccordement.

Conducteurs, câbles et conduits

Les circuits comportent au minimum trois conducteurs en monophasé :

- neutre, de couleur bleu clair exclusivement ;
- phase, de couleur quelconque, sauf celles réservées au neutre et au conducteur de protection ;

- protection, de couleurs alternées jaune et verte exclusivement.

Dans certains cas précisés par les normes, le conducteur de protection n'est pas utilisé (alimentation des appareils de classe II par exemple).

Les plus courants dans le domestique sont de l'un des types H07-V-U ou H07-V-R.

Câbles normalisés :

- câble rigide type FR-N05 VV-U,
- câble souple: A05-VV-F ou 07-RNF,
- câble utilisable en extérieur : U 1000 R2V.

Les conduits sont utilisés pour protéger les conducteurs et câbles, et permettre, le cas échéant, leur remplacement aisé par retirage. Les conduits normalisés sont représentés à la figure 2.1.

Figure 2.1 Conduits normalisés

conduits	ancienne désignation	nouvelle désignation [1]
 Conduit isolant flexible cintrable et déformable (orange).	ICD-6	ICTL-3421
 Conduit isolant flexible cintrable et déformable (existe aussi en orange).	ICT-6	ICTA-3422
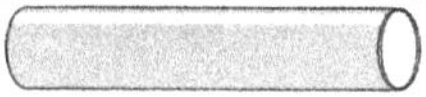 Tube isolant rigide ordinaire (gris).	IRO-5	IRL-3321
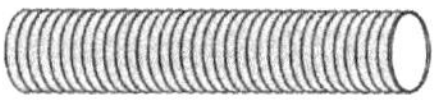 Tube isolant flexible cintrable ordinaire (gris).	ICO-5	ICA-3321

Les données caractérisant les conduits ont la signification suivante :

- 1re lettre : I = isolant ; C = composite ;

- lettres suivantes (2e et 3e) : R = rigide ; C = cintrable ; T = transversalement élastique ; S = souple ;
- dernière lettre : A = annelé ; L = lisse.

Le conduit ICTL

Le conduit ICTL de couleur conventionnelle orange n'est autorisé qu'en pose encastrée dans la maçonnerie, car il est facilement inflammable.

Plinthes, goulottes, chemins de câbles

À l'intérieur des locaux, le mode de pose le plus courant est soit l'encastrement sous conduit soit la pose en plinthe. Dans l'existant, la réhabilitation utilise la plinthe préfabriquée lorsque l'esthétique le permet.

Les systèmes de plinthe ou moulures préfabriquées peuvent comporter des prises de courant et de communication incorporées.

Dans les services généraux et locaux de service, on utilise le plus souvent les chemins de câbles, goulottes et supports genre « corbeaux ».

Hublots d'éclairage, luminaires, appliques

Les hublots sont utilisés essentiellement dans les coursives et escaliers ainsi que dans les locaux de services généraux, où l'esthétique n'est pas particulièrement recherchée.

Les appliques de sécurité sont spécialement prévues pour les salles d'eau des logements.

L'installation de luminaires (appareils suspendus) est réalisée au moyen d'un socle ou boîte fixée au plafond par un système pouvant supporter une charge de 25 kg. Cette boîte est munie d'un dispositif de connexion de luminaire (DCL) permettant le raccordement direct des conducteurs du luminaire.

Prises de courant et appareils de commande

Dans la construction neuve, les prises et interrupteurs sont généralement encastrés dans les murs. Dans le cas des réhabilitations, il est pratique d'utiliser des plinthes préfabriquées comportant les prises incorporées.

Prises et interrupteurs encastrés :

Les constructeurs proposent des modèles variés se fixant par griffes ou par vis dans des pots noyés dans la construction.

Lorsqu'il est prévu d'installer de part et d'autre d'une cloison et suivant le même axe deux interrupteurs, on doit utiliser une double boîte traversante conçue pour éviter la propagation, de l'autre côté de la cloison, du bruit de fonctionnement de l'un des interrupteurs.

Prise « rasoir » spéciale pour salle d'eau

Ces prises sont équipées d'un transformateur de séparation pour isoler l'usager du réseau électrique. Un dispositif limite la puissance disponible à une faible valeur, généralement 20 VA, ce qui interdit l'usage de cette prise à des équipements de puissance plus élevé.

Branchement au réseau public

Le réseau européen fournit une énergie dont les caractéristiques sont les suivantes :

- tension de catégorie BT 230 V en monophasé et 400 V entre phases en triphasé ;
- fréquence : 50 hertz ;
- puissance comprise entre 3 et 9 kW pour les logements, et suivant besoin pour les services généraux.

La tension contractuelle est normalement exempte de perturbations susceptibles d'endommager les matériels ; cependant le réseau peut être localement pollué par des pics de surtension importants dus aux manœuvres sur des circuits industriels branchés sur la même portion de réseau. Par ailleurs, les lignes aériennes peuvent être perturbées par des phénomènes de très haute tension par temps d'orage.

Dans les lieux où la proximité d'usines ou des orages fréquents représentent un risque non négligeable pour les matériels, des dispositions doivent être prises dans l'installation privative, indépendamment de celles prises par le distributeur lui-même. Il est fortement conseillé d'installer des parafoudres sur les circuits d'alimentation des matériels électroniques sensibles.

Par ailleurs, le réseau peut être affecté de coupures ou de baisses de tension. Si elles sont fréquentes et nuisibles à l'utilisation de certains équipements (ordinateurs), l'usager peut s'en prémunir par le moyen d'une alimentation autonome (onduleur par exemple), sur le circuit qui alimente l'appareil.

Fourniture et comptage d'énergie

La limite entre le distributeur et l'installation privée est matérialisée par les bornes de sortie du disjoncteur de branchement auxquelles l'usager a normalement accès.

Lorsque la puissance d'une installation est supérieure à 250 kVA, elle est assurée à partir du réseau haute tension

(5,5 ou 20 kV). L'installation privée est alors alimentée en basse tension à partir d'un poste de transformation HT/BT installé par le distributeur d'énergie.

Mode de mise à la terre du point neutre au niveau du branchement des installations destinées à l'habitation

Le Code du travail (décret du 14 novembre 1988) et la norme NF C 15-100 imposent pour l'alimentation des immeubles d'habitation et maisons individuelles, que le point neutre du réseau soit directement relié à la terre en amont du branchement.

Le but de cette disposition désignée par « schéma TT » (voir glossaire) est de détecter dès son apparition un courant de défaut à la terre (défaut d'isolation d'un appareil occasionnant un courant de fuite à la terre) et de provoquer automatiquement et dès l'apparition de ce défaut, le fonctionnement d'un appareil à courant différentiel résiduel, interrompant l'alimentation de la partie d'installation concernée.

Ce mode de protection est efficace dans la mesure où les masses des appareils électriques sont elles-mêmes efficacement reliées à la terre, ce qui doit être le cas dans toute installation neuve ou rénovée.

Cette disposition (schéma TT) est la plus sécurisante pour les usagers, car elle n'implique pas de surveillance ni d'autres dispositions spéciales. Par ailleurs, elle a l'inconvénient de déclencher l'installation immédiatement et sans avertissement, ce qui ne peut être toléré dans les installations alimentant des équipements de sécurité (hôpitaux, par exemple, et certains processus industriels ou de calculs informatiques).

Choix des matériels en fonction du milieu environnant

Le matériel électrique est choisi en fonction de son aptitude à résister aux agressions éventuelles extérieures, et des caractéristiques techniques auxquelles il doit satisfaire.

Les matériels d'une installation doivent comporter la marque CE (Communauté européenne). Il faut savoir cependant que cette marque ne préjuge pas de la conformité du matériel aux normes ni de ses qualités fonctionnelles, lesquelles doivent être attestées par la « marque de conformité » ou par un « certificat de conformité » fourni par déclaration du constructeur. Indépendamment des qualités de construction attestées par une marque NF, les matériels doivent être choisis en particulier en fonction du courant d'emploi (intensité de courant en service normal), de leur tenue aux surtensions présumées et des influences externes auxquelles ils peuvent être soumis dans leur environnement.

Contre les influences externes (eau, poussières et chocs mécaniques en particulier), les appareils ont une protection mesurée par les deux indices IP et IK dont la valeur est adaptée à la gravité des influences du milieu environnant.

Influences agressives du milieu environnant

Le matériel est soumis à des influences externes auxquelles il doit résister par ses qualités de construction et des dispositions éventuelles ajoutées lors de sa mise en œuvre.

La norme NF C 15-100-512-2 a établi une nomenclature des influences extérieures et un classement de gravité pour chacune, qui permettent de définir le risque et son degré d'importance suivant la situation et les conditions d'environnement. Le tableau 2.1 donne une liste de ces influences, leur code normalisé et une note de gravité par un chiffre de 1 à plus.

La connaissance du risque et du degré de gravité caractérisant un milieu permet de définir le type de matériel et ses qualités de résistance aux agressions présumées.

Tableau 2.1. Influences extérieures codifiées UTE

Influences extérieures	Code	Notation de gravité
Température ambiante	AA	1 à 8
Condition climatique (influance combinée de la température et de l'humidité atmosphérique)	AB	1 à 8
Altitude	AC	1 à 2
Présence d'eau (buée, ruissellement, pluie...)	AD	1 à 8
Présence de corps solides (poussière, grain...)	AE	1 à 4
Substances corrosives ou polluantes	AF	1 à 4
Contraintes mécaniques (chocs)	AG	1 à 4
Vibrations	AH	1 à 3
Présence de flore ou de moisissures	AK	1 à 2
Présence de faune (insectes petits animaux)	AL	1 à 2
Influences électromagnétiques ou ionisantes	AM	–
Influences de rayonnements électriques ou magnétiques	BF	–
Rayonnement solaire	AN	1 à 3
Effets sismiques	AP	1 à 4
Effets de la foudre (densité de foudroiements)	AQ	1 à 3
Mouvements de l'air	AR	1 à 3
Vent : vitesse de vent, tempête	AS	1 à 3

Influences consécutives à la qualité des personnes susceptibles d'être en contact avec l'installation

Les usagers et le personnel d'entretien ont un niveau de connaissance des risques très variable. En conséquence, le matériel doit présenter, suivant les situations, des caractéristiques préventives de nature à diminuer la fréquence et l'importance des risques vis-à-vis des personnes. Le tableau 2.2 résume ces dispositions.

Tableau 2.2. Risques propres à la personnalité vis-à-vis d'une installation

Qualités et situation des personnes	Code	Notation de valeur (dans le sens aggravant)
Niveau présumé de la compétences des personnes intervenant dans une installation	ba	1 à 5
Condition de résistance au passage du courant (isolement par rapport au sol et aux objets de l'environnement)	bb	1 à 3
Risque aggravant, de contact avec des éléments conducteurs	bc	1 à 4
Possibilité d'évacuation en cas d'urgence	bd	1 à 4
Présence de matières à risques (nature des matières entreposées : inflammable ou explosive)	be	1 à 4

Influences propres au bâtiment abritant l'installation

Le caractère de combustibilité et de propagation d'incendie d'un bâtiment constitue un risque qui conditionne le choix des matériels électriques. Le tableau 2.3 précise les situations à prendre en compte pour le choix des matériels.

Tableau 2.3. Risques d'incendie présentés par les matériaux d'un bâtiment

État de la construction	Code	Notation de gravité
Combustibilité des matériaux entrant dans la construction	*ca*	1 à 2
Nature des structures du bâtiment	*cb*	1 à 4

Influences à l'intérieur d'un bâtiment

Dans les conditions habituelles, sont pris en compte les quatre éléments principaux suivants :

- présence d'eau et d'humidité (code AD),
- présence de poussières et de petits corps solides (code AE),
- risque de choc mécanique (code AG),
- risque présenté par des matières de l'environnement (code BE).

En correspondance avec le degré de gravité dans chacun de ces domaines, il est établi un degré de protection noté de 1 à plus. Le degré de protection attribué à chaque matériel figure dans les catalogues des constructeurs. Ainsi, par exemple, dans un garage où le chiffre de gravité présumé de choc mécanique est AG 3, l'indice de protection de l'appareillage est 8 (chiffre qui correspond à une qualité de construction compatible avec le risque AG 3).

Degré de protection des matériels

La norme NF C 15-100 précise le degré ou indice de protection auquel doit satisfaire tout matériel, vis-à-vis d'un risque dont le degré de gravité est défini. La correspondance entre l'indice de protection et le degré de gravité dans chaque domaine est l'objet des tableaux 2.4 à 2.7.

Les degrés de protection sont notés sous la forme de deux indices désignés par IP et IK :

- L'indice IP comporte 2 chiffres dont le premier indique le degré de protection contre les poussières et petits objets (code AE), le second indique le degré de protection contre la pénétration d'eau (code AD). Exemple : un appareil dont l'indice IP est 43 indique que cet appareil résiste à la pénétration éventuelle de petits objets de dimension 1 mm (gravité 3 dans le code AE), et résiste à la pluie (gravité 3 dans le code AD).
- L'indice IK indique le degré de protection contre les chocs mécaniques.

Tableau 2.4. Présence de poussière et petits objets – code AE

Degré de gravité protection du risque présumé	Définition de gravité	Degré IP de (1er chiffre)
1	Présence de poussière ou corps étranger négligeable	2 ou 3
2	Présence de corps solides de petites dimensions	3
3	Présence de corps solides de très petites dimensions	4
4	Présence de poussière importante	5 ou 6

Tableau 2.5. Influence de l'eau et humidité – code AD

Degré de gravité protection du risque présumé	Définition de gravité	degré IP (2e chiffre)
1	eau ou humidité d'effet négligeable	0
2	présence de gouttes d'eau en chute verticale	1 ou 2
3	pluie d'eau en direction sensiblement verticale	3
4	projection d'eau	4
5	jet d'eau	5
6	paquets d'eau	6
7	immersion temporaire ou partielle	7
8	submersion totale	8

Tableau 2.6. Risque de choc mécanique – code AG

Degré de gravité protection du risque présumé	Définition de gravité (1)	degré IK de protection
1	choc de faible intensité	02
2	choc d'intensité moyenne	07
3	choc important	08
4	choc tres important	10

(1) L'énergie en joules est précisée dans NF C 15-100, tableau 51A.

Tableau 2.7. Nature des matières entreposées – code BE

Degré de gravité protection du risque présumé	Définition
1	matières ne représentant aucun risque particulier
2	matières inflammables ou poussières susceptibles de générer un incendie
3	matières présentant un risque d'explosion
4	produits présentant un risque de contamination (aliments ou produits pharmaceutiques, par exemple)

Comment choisir un matériel en fonction de la nature et de la destination des locaux ou emplacements

Il s'agit de définir le degré (indice) de protection des appareils, canalisations et accessoires. Le tableau 2.8 donne des indications de degrés IP et IK convenant aux différentes situations dans un immeuble collectif d'habitation.

Tableau 2.8. Degrés de protection recommandés (donné à titre indicatif)

Locaux ou emplacements	Degrés de protection minimale	
	IP	IK
Environnement extérieur à l'immeuble	24 ou 25	07
Hall d'entrée d'immeuble	24	02
Porche d'entrée	20	02
Buanderie	23	02
Bureau de gardien	20	02
Local poubelles		
Couloirs de cave et caves	20	02

…/…

Coursives intérieures (en RDC ou étage)	20	02
Coursives extérieures non couvertes	24	07
Locaux de services	21	02
Escaliers intérieurs	20	02
Escaliers extérieurs	24	02
Garages au plus de 100 m^2	20	07 à 10
Garages de plus de 100 m^2	20	07 à 10
Rampe d'accès au garage (partie extérieure)	24	07 à 10
Greniers, combles...	20	02
Pièce de service en sous-sol	21	02
Pièce de service en RDC ou en étage	20	02

Mise en œuvre

Les règles et recommandations de mise en œuvre données dans cet ouvrage sont celles des dispositions de la norme NF C 15-100, diffusée en 2002.

Coffrets, tableaux, armoires électriques

Le matériel d'exploitation au départ des circuits est groupé dans un coffret, une armoire ou sur un tableau, accessible à l'usager.

Installation

Dans les logements neufs, les tableaux ou coffrets sont situés dans la gaine technique, accessibles directement par l'usager. Dans les logements anciens, le tableau de branchement et le coffret de distribution peuvent être sur un support commun, généralement dans un placard situé au plus près du point de pénétration du câble d'alimentation électrique dans le logement.

Aucun tableau ne doit être installé dans une salle d'eau.

La gaine ou le placard contenant les tableaux ne doit en aucun cas être fermé à clé.

Dans les services généraux, les coffrets, tableaux et armoires sont fermés ou situés dans un local technique fermé, accessibles au personnel chargé de la maintenance.

Les tableaux, coffrets et armoires sont prévus avec un espace libre ou réserve de 15 à 20 % du volume total utilisable afin de permettre des extensions éventuelles d'appareils.

Si le local ou emplacement est susceptible d'être soumis à une température élevée, une ventilation doit être prévue.

Identification des circuits et appareils

La réglementation exige :

- que les schémas soient établis pour toute installation, ainsi que les diagrammes, tableaux et notices nécessaires à l'exploitation,
- que les circuits soient repérés afin de connaître leur destination sans ambiguïté,
- que les marques et étiquettes de repérage soient être correctement fixées et restent lisibles dans le temps.

Canalisations

Une canalisation est un ensemble comportant les câbles ou conducteurs, le système support (conduit, plinthe, goulotte, chemin de câble...), et les accessoires de connexion.

Modes de pose

Les canalisations fixées au mur ou sur chemins de câble sont surtout utilisées dans les parties communes des immeubles et locaux de service (sous-sols, caves, garages, dépendances...)

Dans les réhabilitations, on utilise souvent les plinthes préfabriquées comportant les prises de courant et de communication.

Règles générales à tous les types de canalisation

Passages interdits

Toute canalisation est interdite dans les gaines des cabines d'ascenseur (sauf celles intéressant l'ascenseur lui-même), dans les conduits de fumée et ceux de ventilation et désenfumage.

Indépendance des canalisations électriques et de communication

Les canalisations électriques et celles de communication doivent emprunter des conduits différents ou des passages séparés dans les goulottes et chemins de câbles.

Traversées de parois

Un fourreau ou un conduit est nécessaire, quel que soit le mode de pose.

Voisinage avec des canalisations autre que celles d'électricité

Les canalisations électriques doivent être situées au-dessus des canalisations étrangères ou être protégées par un écran et en être séparées par une distance d'au moins 3 cm.

Au voisinage de canalisations de chauffage, les canalisations électriques ne doivent pas subir une élévation de température.

Règles particulières aux différents modes de pose

Pose en plinthe, moulure, ou goulotte

Ces éléments sont généralement en matière plastique. Le bois est interdit, sauf, exceptionnellement, dans la rénovation des monuments historiques.

La hauteur au-dessus du sol doit être supérieure à 1,5 cm.

Les éléments préfabriqués peuvent être conçus pour intégrer des prises de courant, prises de communication, interrupteurs. Ce genre de canalisation est très pratique dans les cas de rénovation, mais n'est pas toujours adapté aux motifs décoratifs du logement.

Montage en fixation apparente

Les conducteurs et câbles doivent être posés sous conduit, sauf le conduit ICTL (ou ICD) de couleur orange, classé « facilement inflammable ».

Pose encastrée dans les murs et cloisons

Ce mode de pose est délicat ; il est réalisé soit pendant la construction (les conduits sont mis en place pendant le travail de maçonnerie) soit après la construction, dans une saignée faite à l'outil à main ou à l'aide d'une machine à rainurer.

La pose encastrée est interdite dans certains cas, particulièrement après construction dans les planchers.

Dans les cloisons d'épaisseur inférieure à 10 cm, l'encastrement ne peut se faire qu'à des conditions précisées par les maçons.

Pour aller plus loin

Des recommandations sont données dans le guide du CSTB *Installations électriques et de télécommunication dans les bâtiments d'habitation*, et dans les ouvrages édités par Promotelec.

Dans les cloisons comportant un matériau d'isolation thermique, l'encastrement est soumis à des conditions qui nécessitent des précautions particulières pour ne pas diminuer les qualités de l'isolant. Éventuellement, on devra demander l'avis d'un spécialiste compétent relativement à ce type de cloison.

Pose dans les vides de construction

L'espace vide doit être de dimensions suffisantes et la plus petite dimension doit être d'au moins 2 cm.

Lorsque les câbles ou conduits sont passés dans des alvéoles d'éléments de construction (par exemple des briques creuses ou des parpaings), les alvéoles doivent être alignées en continu tout le long de la canalisation.

Règles particulières au dimensionnement des conduits

Le taux de remplissage des conduits est tel que les conducteurs ou câbles n'occupent qu'un tiers de la section de passage du conduit. Exemples :

- dans un conduit de 20, on admet environ 10 conducteurs de 1,5,
- dans un conduit de 25, on admet environ 8 conducteurs de 2,5.

Le rayon de courbure des conduits doit être tel que le retirage des câbles ou conducteurs soit aisé. Ce rayon peut être compris entre 4 et 12 fois le diamètre extérieur du conduit, suivant le type de conduit et son diamètre.

Les constructeurs indiquent le rapport R/D convenable aux conduits de leur fabrication.

Connexions entre conducteurs et bornes

Le serrage des conducteurs dans les bornes de connexion aux appareils ou dans les bornes de raccordement entre deux conducteurs doit être fait avec un très grand soin.

Un serrage mal exécuté, soit parce qu'il donne lieu à un contact insuffisant soit parce qu'il écrase le conducteur en diminuant sa section, peut générer un incendie à la suite d'un échauffement élevé des éléments en contact, et ceci même avec un courant de faible intensité.

Les bornes à serrage direct par vis sur les conducteurs doivent être utilisées par un personnel expérimenté.

Le repiquage (connexion de 2 conducteurs sur une même borne) n'est pas admis, sauf aux conditions suivantes :

- les faces de serrage des bornes sont assez larges pour assurer un contact sûr et durable de 2 conducteurs ;
- les seuls appareils sur lesquels le repiquage est admis sont les prises de courant, les bornes de luminaires, et les « chemins lumineux » ;
- le courant nominal total des circuits concernés n'est pas supérieur à celui admissible pour les connexions sans en accélerer le vieillissement ou la dégradation.

Éclairage et prises de courant

Dans un immeuble ou pavillon neuf, ou en réhabilitation, on a grand intérêt à prévoir des prises de courant et points d'éclairage en quantité plus importante que les normes le prescrivent et que cet ouvrage le recommande. Ceci afin d'éviter la prolifération de rallonges et d'adaptateurs « prise multiple » à l'intérieur de l'appartement.

Circuits d'éclairage

Les circuits reliant les points lumineux au tableau électrique de distribution sont réalisés conformément aux règles de mise en œuvre des canalisations et doivent comporter un conducteur de terre.

Dans les logements, les canalisations verticales sont soit encastrées soit sous plinthe ou goulotte.

Points de raccordement aux murs ou sous-plafond

Les points de raccordement aux appareils d'éclairage doivent comporter une borne de mise à la terre (voir chapitre 1). Chaque logement doit avoir au minimum :

- 1 point au plafond dans le séjour, les chambres et la cuisine,
- éventuellement des points en applique ou des prises de courant commandées.

Si le point prévu au plafond n'est pas utilisé, la pièce doit comporter au moins 2 points en applique ou 2 prises commandées.

Disposition des commandes d'éclairage

Télécommande sans fil d'éclairage

Des appareils d'éclairage peuvent être télécommandés par onde radio ou rayon infrarouge. Cette solution est particulièrement intéressante dans les adjonctions ou réhabilitations dans lesquelles il n'est pas souhaité d'ajouter de nouvelles canalisations.

Commande « va-et-vient » d'un circuit d'éclairage

La commande d'éclairage est câblée de manière à ce qu'il y ait une commutation entre les deux interrupteurs et permettre ainsi de changer d'état à partir de ces deux points.

Commande par télérupteur d'un circuit d'éclairage

Lorsqu'il est nécessaire de commander un circuit d'éclairage à partir de plus de deux commandes, ces dernières sont des boutons poussoirs à commande impulsionnelle qui actionnent un télérupteur.

Figure 2.2
Schéma de principe d'un va-et-vient

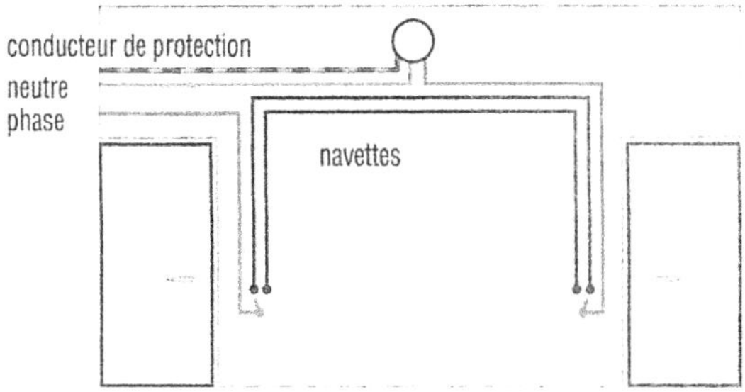

Une notice est fournie avec le matériel, ainsi que le schéma de câblage qui est propre à chaque type de télé-rupteur.

Prises de courant

Dans tous les locaux et emplacements, les socles de prise sont du type 2p+T.

Toutes les prises doivent être « à obturation » pour assurer une protection contre le risque d'un contact direct.

Dans les cuisines il est prévu des prises au-dessus du plan de travail.

Dans les locaux à risque de projection d'eau et à l'extérieur des bâtiments, les socles comportent un clapet d'obturation.

Salles d'eau

Le danger présenté par la peau mouillée en contact avec un carrelage conducteur, ou pire, si la personne est immergée dans la baignoire, est tel qu'il est interdit d'installer un appareil électrique ou une prise de courant n'importe comment dans une salle d'eau.

L'UTE (Union technique de l'électricité) a défini des volumes autour de la baignoire et du bac à douche, dans lesquels l'installation électrique est strictement réglementée.

Définition des volumes autour d'une baignoire et d'un bac à douche

On considère les volumes suivants :

- volume 1 : volume vertical au-dessus du conteneur et jusqu'à hauteur de 2,25 m du fond intérieur du conteneur ;

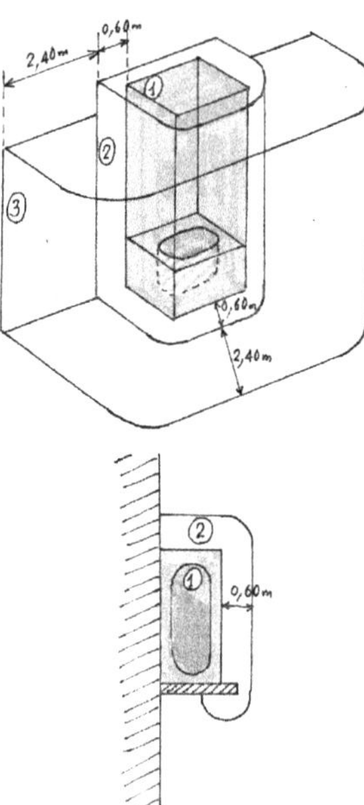

Figure 2.3
Représentation des volumes autour d'une baignoire ou d'un bac à douche

- volume 2 : 0,60 m autour du volume 1 et jusqu'à 3 m au-dessus du sol ;
- volume 3 : 2,40 m autour du volume 2 et jusqu'à 2,25 m au-dessus du sol.

Si une cloison formant paroi pleine enferme la baignoire ou le bac à douche sur un côté, le volume 2 est modifié.

Appareils autorisés dans la salle d'eau

Le tableau 2.9 indique quels appareils sont autorisés dans les différents volumes.

Tableau 2.9.

Matériel électrique	Volumes		
	1	2	3
Prises de courant			oui
Intérrupteur d'éclairage 230 V			oui
Intérrupteur d'éclairage 12 V	oui	oui	oui
Prise spécifique (rasoir) (20 à 50 V)		oui	oui
Appareil d'éclairage isolé (classe 1)			oui
Appareil d'éclairage isolé (classe 2)		oui	oui
Appareil d'éclairage isolé 12 V (1)	oui	oui	oui
Machine à laver			oui
Appareil de chauffage électrique classe 1			oui
Appareil de chauffage électrique classe 2		oui	oui
Chauffe-eau électrique(2)	oui	oui	oui

(1) : Le circuit d'éclairage est alimenté sous la tension 12 V par un transformateur « très basse tension de sécurité ».

(2) : Si c'est un chauffe-eau à accumulation il doit être installé horizontalement et le plus haut possible.

Éventuellement, on trouvera des informations complémentaires dans la norme NF C 15-100, à l'article 771-5.

Liaisons équipotentielles locales

Dans un esprit de prévention maximal, toutes les parties métalliques à l'intérieur d'une salle d'eau sont reliées par une liaison équipotentielle. Les parties reliées sont :

- canalisations métalliques (eau, chauffage, etc.),
- corps des appareils sanitaires s'ils sont métalliques,
- huisseries métalliques,
- tous éléments conducteurs accessibles (sauf ceux parfaitement isolés indiqués plus bas),
- armatures métalliques du sol.

Le contact des conducteurs de liaison avec les éléments doit être sûr et durable : soudé si possible, ou fixé par collier ou vis de serrage.

Le contact avec le conducteur est fait sur une partie non peinte et non oxydée de l'élément.

Le conducteur peut être en cuivre nu de 4 mm^2 ou isolé de 2,5 mm^2. S'il est isolé, il est passé sous conduit en montage apparent ou sous conduit encastré ou sous moulure.

Il est interdit de relier à cette liaison équipotentielle la carcasse métallique des appareils de chauffage s'ils sont isolés classe II (voir glossaire).

Il est inutile de relier des éléments métalliques isolés par rapport à l'environnement de la salle d'eau – par exemple :

- porte-serviette non chauffant,
- grille métallique d'aération,
- robinets lorsqu'ils sont reliés à des canalisations isolantes,

radiateurs de chauffage à eau chaude s'ils sont alimentés par des canalisations isolantes.

Mise à la terre des masses et prises de terre

Les éléments métalliques de construction d'un bâtiment sont reliés à une prise de terre par des conducteurs de protection. À l'ensemble formé par ces conducteurs doivent être reliés les conducteurs de protection internes de chaque logement, les masses et gaine-écran des câbles d'installation des antennes et, s'il existe, le système de protection du bâtiment contre la foudre ou paratonnerre.

Système de mise à la terre d'un bâtiment collectif

Le système (figure 2.4) comporte :

- le conducteur principal de terre auquel sont raccordés les conducteurs de terre des logements, les éléments conducteurs de la construction et les masses des équipements des services généraux ;
- une ou plusieurs barrettes de répartition rassemblant des conducteurs de terre ;
- une barrette de mesure pour chaque prise de terre ;
- une ou plusieurs prises de terre.

La section cuivre du conducteur principal de terre est au moins 16 mm^2 en conducteur isolé, ou 25 mm^2 en cuivre nu, ou 50 mm^2 en aluminium.

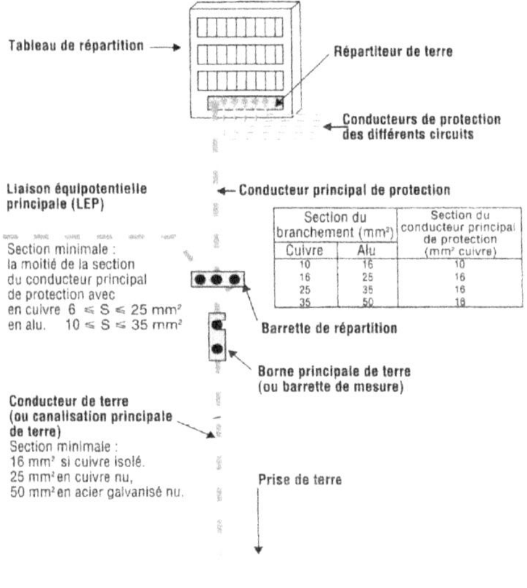

Section du branchement (mm²)		Section du conducteur principal de protection (mm² cuivre)
Cuivre	Alu	
10	16	10
16	25	16
25	35	16
35	50	16

Figure 2.4.
Système de mise à la terre d'un appartement dans un bâtiment collectif

Prise de terre

Dans les immeubles neufs, elle est réalisée par un conducteur cuivre enfoui horizontalement à fond de fouille, généralement dans le béton de propreté, ou bien elle est constituée d'un conducteur enterré à 1 mètre de profondeur en pleine terre.

Les dimensions de section sont: au moins 25 mm² en cuivre nu, ou 95 mm² en acier galvanisé.

Lorsque la solution (préférée) du conducteur enfoui ou enterré n'a pas été retenue, ou qu'il est nécessaire d'améliorer la prise de terre existante, on peut utiliser des piquets plantés verticalement d'au moins 2 m. Ces piquets peuvent être en acier galvanisé de diamètre au moins

25 mm^2 ou en cuivre ou acier de diamètre au moins 15 mm^2.

Si plusieurs piquets sont nécessaires, ils doivent être reliés par un conducteur en cuivre nu d'au moins 25 mm^2 ou en cuivre isolé d'au moins 16 mm^2.

Liaisons équipotentielles des canalisations à leur pénétration dans le bâtiment

Les canalisations entrent dans un bâtiment généralement au niveau du sous-sol. Il est très souhaitable, lorsque c'est possible, que les points de pénétration soient voisins, de manière à réaliser entre les gaines-écrans des câbles de communication et les enveloppes métalliques des autres canalisations, des liaisons équipotentielles aussi courtes que possible, en y incluant la prise de terre à fond de fouille.

Protection des bâtiments contre la foudre

La protection des bâtiments contre le foudroiement direct est obtenue par la confection d'une cage maillée en éléments conducteurs, suivant le principe de la cage de Faraday. Pour certaines constructions de faible surface au sol et très élevées en hauteur (minarets, cheminées, clochers d'église...) le système à tige de paratonnerre peut être suffisant.

Phénomène de foudre

Le potentiel d'énergie d'un coup de foudre peut atteindre plusieurs dizaines de milliers de volts, et générer des courants de plusieurs dizaines de milliers d'ampères.

Ces courants s'écoulent à la terre par les éléments conducteurs du bâtiment, c'est-à-dire les charpentes métalliques et fers de la construction, les canalisations métalliques, et principalement (et malheureusement) les conducteurs électriques de l'installation. L'événement a pour effet de détruire les matériels et circuits électriques et quelquefois d'incendier des parties facilement inflammables de la construction.

Système de protection contre la foudre

Le principe du système consiste à capter et conduire les courants élevés jusqu'à la terre au moyen d'une cage conductrice enveloppant le bâtiment. Ainsi les courants de foudre empruntent ce système conducteur, de préférence aux conducteurs électriques de l'installation.

La cage conductrice doit capter la foudre et conduire les courants par les conducteurs de descente jusqu'aux prises de terre au pied de chacune.

La constitution de la cage et ses caractéristiques dimensionnelles sont les suivantes :

- La cage doit envelopper le bâtiment (ou maison individuelle).
- Les conducteurs du maillage doivent être distants l'un de l'autre de moins de 15 mètres.
- Chaque descente verticale doit aboutir à une prise de terre spécifique décrite plus bas. (Des informations complémentaires sont données dans la norme NF C 17-100).

Les prises de terre ont la forme spécifique dite en « patte d'oie » constituées de plusieurs conducteurs courts disposés en parallèle. Cette disposition est la plus favorable pour offrir la moindre résistance aux courants de haute fréquence générés par le phénomène de foudre.

Ces prises de terre doivent être reliées aux autres prises classiques de l'installation du bâtiment.

Installation des prises de communication

Les canalisations intéressant la vidéo et la messagerie sont matériellement séparées des canalisations électriques. Les règles générales aux canalisations électriques sont applicables aux canalisations de communication.

Règles particulières aux câbles de communication à haute fréquence

Les trajets doivent être aussi droits que possible et les boucles doivent être évitées (celles-ci sont créatrices de forte impédance aux courants de haute fréquence).

Connexion des câbles comportant une gaine-écran

La gaine-écran doit être présente sur toute la longueur des conducteurs. Le dénudage est tel qu'aucun contact fortuit ne puisse se faire avec les conducteurs.

Repérage des contacts sur les socles et les prises modèle T des lignes téléphoniques

La correspondance entre les numéros inscrits sur les bornes et la couleur des fils téléphoniques normalisés est codifiée.

Repérage des contacts sur les socles et prises universelles RJ 45

La correspondance entre les numéros inscrits et la couleur des fils des câbles à 4 paires est normalisée. Cependant, des couleurs différentes peuvent exister sur le marché et il est recommandé de commander l'ensemble pour un même immeuble chez un même constructeur.

L'usage habituel des 4 paires (dont 2 blindées) du câble universel est le suivant :

- paire n°1 (blindée), contacts 4 et 5 = téléphonie
- paire n°2, contacts 3 et 6 = données
- paire n°3, contacts 1 et 2 = données
- paire n°4 (blindée), contacts 7 et 8 = télévision

Comment obtenir un service choisi sur une prise choisie

Avec le précâblage standardisé RJ 45, n'importe quelle source peut être obtenue sur n'importe quelle prise choisie au moyen du brassage au niveau du tableau de communication (voir chapitre 1).

3. Foire aux questions

1. À partir de quelle situation une installation doit-elle être mise en sécurité ?

En France, les immeubles et résidences construits avant les années 1980 n'ont pas été réalisés (dans le cas général) conformément aux règles actuelles de sécurité. La mise en conformité après construction n'est pas exigée (principe de non-rétroactivité des lois), mais certaines installations anciennes peuvent présenter un danger du fait de la dégradation des matériels, d'une conception trop ancienne dans laquelle les précautions élémentaires n'étaient pas envisagées, ou de bricolages.

Le cas échéant, il y a un minimum de précautions à prendre, qui découlent d'un diagnostic élémentaire.

Une installation peut être considérée comme satisfaisante sur le plan de la sécurité si les éléments suivants sont vérifiés :

- Le disjoncteur de branchement protège efficacement l'installation, au moins contre les surintensités.
- Il existe un dispositif de protection à courant différentiel résiduel (DDR) dont la sensibilité est appropriée aux conditions de mise à la terre des circuits et matériels.

Souvent, ce dispositif est intégré au disjoncteur de branchement – il est alors de 500 mA (mention inscrite sur l'appareil).

- Les dispositifs de protection contre les surintensités (disjoncteurs ou sectionneurs à cartouche fusible) sont adaptés à la section des conducteurs des circuits qu'ils protègent.
- Les liaisons équipotentielles en salle d'eau sont efficaces (vérification visuelle de leur continuité et de leurs connexions, ou mesure le cas échéant).
- Il n'existe pas de contact direct possible avec des bornes directement accessibles, des conducteurs dénudés, un appareil détérioré, etc.
- Il existe une prise de terre dans l'immeuble, raccordée au conducteur principal de protection auquel chaque logement est lui-même raccordé. Cette prise de terre doit avoir la valeur adaptée à la sensibilité des dispositifs DDR installés au niveau du branchement des logements.

Dans le cas où certaines de ces dispositions ne sont pas satisfaisantes et si les travaux de mise en conformité sont jugés trop importants, il peut être envisagé de protéger chaque installation de logement par un ou plusieurs DDR de sensibilité 30 mA. Dans la salle d'eau, il convient d'interdire la possibilité de branchement d'appareils alimentés en BT 230 V, exception faite du chauffe-eau.

Il existe un document officiel traitant la question de façon exhaustive : le guide Promotelec *Habitat existant – Guide de mise en sécurité de l'installation électrique*, qu'il est possible de se procurer auprès de Promotelec, 5 rue de Chantecoq, 92808 Puteaux.

2. Quelle réglementation appliquer à quel type de locaux dans un immeuble collectif ?

Dans les logements strictement réservés à l'habitation, c'est le Code de la construction et de l'habitation, dont la norme NF C 15-100 est le principal document, qui est la référence légale.

Dans les autres locaux et parties communes, il faut y ajouter le Code du travail, et principalement le décret du 14 novembre 1988 avec la circulaire du 6 février 1989.

Le Code du travail est également applicable aux locaux artisanaux, de bureau et de commerce qui sont intégrés à l'immeuble. Il est aussi applicable aux logements dans lesquels est exercée une activité artisanale, même si celle-ci est réduite aux seuls membres de la famille et ne comporte pas d'employé extérieur.

3. Quels sont les critères permettant de décider de l'intervention du Consuel ?

La norme NF C 15-100 et différents textes précisent que toute installation électrique neuve ou existante ayant subi des modifications importantes doit être essayée et vérifiée avant d'être mise en service.

Les essais et vérifications sont détaillées par NF C 15-100, partie 6-61. Ils sont effectués par une personne qualifiée et compétente. Un rapport est établi sur lequel sont notés les résultats des essais, mesures et vérifications.

Qu'entend-on par modification importante ?

Il s'agit de modification de la structure de l'installation. Par exemple :

- Modification du schéma des liaisons à la terre.
- Augmentation de la puissance de court-circuit de l'alimentation. En effet, une telle modification implique éventuellement le remplacement de certains appareils de protection afin que le pouvoir de coupure convienne à la puissance augmentée.
- Modification ou adjonction de circuits de distribution.
- Création de nouveaux tableaux de distribution. En effet, on considère qu'à partir de ces tableaux sont créées de nouvelles installations.

4. Que faut-il faire lorsqu'il n'existe pas de prise de terre dans un immeuble ancien ?

La réponse logique est qu'il faut en réaliser une, et cela sans tenir compte du coût entraîné.

Cependant, pour des raisons uniquement de nature constructive, il est quelquefois impossible de réaliser une prise de terre efficace sans démolition importante, ce qui ne peut être envisagé.

Dans ce cas, il est impératif de :

- Protéger tous les circuits des services généraux par des dispositifs DDR de 30 mA.
- Dans chaque logement, installer un même dispositif DDR (voir la question n°1) ; réaliser une liaison équipotentielle dans les cuisines reliant toutes les canalisations

métalliques (eau, chauffage, évacuation...) ; et mettre en sécurité les salles d'eau, en réalisant une liaison équipotentielle et en interdisant la possibilité de brancher des appareils alimentés en BT 230 V.

5. Peut-on utiliser les colonnes montantes d'eau comme conducteur principal de protection ?

La réponse est non.

Cette disposition n'est pas admise, du fait que les matériaux des joints et de réparation sont isolants électriquement. La continuité ne peut donc être assurée.

Par extension, à l'intérieur des locaux, il n'est pas admis d'utiliser comme conducteur de protection les canalisations métalliques d'eau, de gaz, de chauffage, ainsi que les gaines métalliques des câbles. Seule l'huisserie métallique de porte dans les salles d'eau est admise pour être substituée à la liaison équipotentielle.

6. Comment doit être déterminée la section des conducteurs ?

La chute de tension admissible est 3 % pour l'éclairage et 5 % pour les autres usages. Toutefois, il est recommandé de ne pas dépasser 4 % pour l'alimentation des moteurs.

Dans le cas général, la chute de tension peut être vérifiée par calcul :

$$u = \rho \frac{L}{S} I_B \times K \text{ (Volts)}$$

On peut aussi calculer directement la section en fonction de la valeur de chute de tension que l'on veut admettre :

$$S = k\rho \frac{L}{u} I_B \text{ (mm}^2\text{)}$$

- u = chute de tension (en volts),
- ρ = résistivité du cuivre dans les conditions normales, soit 0,023,
- L = longueur simple de canalisation (en mètres),
- S = section des conducteurs (en mm^2),
- k = coefficient = 1 en triphasé et = 2 en monophasé,
- I_B = courant d'emploi ou courant nominal.

Exemple

Soit un moteur monophasé consommant 15 A en service établi, alimenté par une canalisation de 60 mètres, et pour lequel on admet une chute de tension de 7 volts au plus, en fonctionnement normal.

$$S \geq 2x\ 0{,}023 \frac{60}{7} 15 = 5{,}91 \text{ mm}^2$$

On adopte la section de 6 mm^2.

7. Quels sont les labels électricité ?

Les labels délivrés par Promotelec correspondent à un cahier des charges précis et contraignant sur les plans de la sécurité et du confort.

Ils sont accordés après des vérifications très précises des calculs et des schémas, et des inspections en fin de travaux.

Les principaux labels sont :

- Label « Rénovation de l'habitat existant »
  - bâti et aération (conformité aux DTU et règles du CSTB),
  - chauffage électrique (conformité aux normes et règles de calcul du CSTB),
  - eau chaude sanitaire (conformité aux normes et règlement sanitaire),
  - installation électrique (conformité aux normes et décret du 14 décembre 1972).

- Label « Habitat neuf »
  - isolation des parois (avis technique du CSTB),
  - confort thermique (conformité aux normes),
  - eau chaude sanitaire (conformité aux normes et avis technique du CSTB),
  - équipement électrique (conformité aux normes).
- Label « Confort électrique »
  - caractéristiques thermiques, isolation, aération (règles du CSTB et normes),

- chauffage électrique (normes et avis technique du CSTB),
- eau chaude sanitaire,
- installation électrique (conformité aux normes).

8. Peut-on produire soi-même l'énergie électrique nécessaire à ses besoins et dans quelles conditions ?

Il n'est pas interdit de fabriquer pour soi l'énergie électrique satisfaisant ses besoins. En théorie, EDF pourrait même acheter une partie de cette énergie si elle satisfaisait aux conditions très spécifiques de l'exploitation nationale et si elle était d'une puissance intéressante.

Dans la pratique, l'énergie produite à titre privé ne doit en aucun cas pouvoir être connectée au réseau, sauf autorisation du distributeur (EDF dans le cas général). Une telle autorisation est liée à des conditions techniques très contraignantes et l'exploitation est transférée aux agents du réseau.

Pour en savoir plus : voir la loi du 10 février 2000 et le décret du 27 juin 2003.

9. Comment connecter un parafoudre ?

Cet appareil est connecté en aval du disjoncteur de protection (ou de la prise de branchement de l'appareil à protéger) et en amont de l'appareil à protéger (figure 3.1). Les parafoudres commercialisés sont généralement conçus pour être intercalés directement entre la prise de courant et l'appareil sensible.

Figure 3.1

Connexion d'un parafoudre de type modulaire

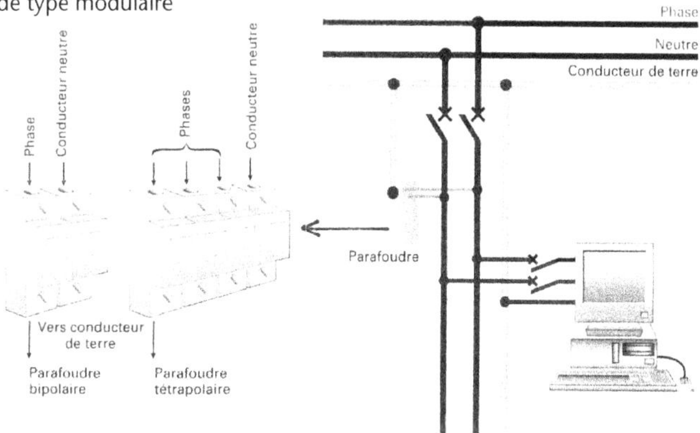

4. Textes réglementaires et contrôles

Réglementation

La réglementation des installations électriques est apparue nécessaire dès l'utilisation de l'électricité, dans le milieu industriel d'abord, puis dans les installations domestiques. Ceci à cause du danger d'électrocution constituant un risque permanent tant que des précautions n'étaient pas prises lors de la mise en œuvre, puis dans l'exploitation des installations.

La réglementation actuelle a pour objectifs :

- la sécurité des personnes et des biens,
- le fonctionnement satisfaisant en vue des résultats désirés.

Les normes prescrivent les règles permettant de satisfaire ces objectifs, et les textes émanant des différents ministères rendent celles-ci obligatoires.

Dans certains cas, les textes devancent les normes ; celles-ci sont alors élaborées pour préciser les dispositions nécessaires à leur application.

Des contrôles sont obligatoires avant mise en service de toute installation neuve, ainsi que des rénovations ou réhabilitations lorsque les travaux sont importants.

Normes relatives aux installations basse tension

Principales normes concernant les installations BT des immeubles, résidences et locaux à usage d'habitation

- NF C 15-100, relative aux installations BT (monument-bible de presque 500 pages),
- NF C 14-100, relative aux installations de branchement au réseau BT,
- NF C 61-910, relative aux tableaux de commande et de répartition,
- NF C 68-102, relative aux goulottes et accessoires,
- NF C 68-104, relative aux systèmes de goulottes.

Guides UTE

- C 15-103 : choix des matériels électriques en fonction des influences externes,
- C 15-443 : protection des installations BT contre les surtensions d'origine atmosphérique – choix et installation des parafoudres,
- C 15-476 : sectionnement, commande, coupure,
- C 15-520 : canalisations, modes de pose, connexions,
- C 15-559 : installations d'éclairage en très basse tension,
- C 15-600 : installations basse tension dans les locaux d'habitation existants – mise en sécurité des installations électriques,

- C 15-755 : installations électriques d'origines différentes dans un même local et dont les exploitations sont placées sous des responsabilités différentes,
- C 15-900 : mise en œuvre et cohabitation des réseaux de puissance et de communication dans des locaux d'habitation, du tertiaire et analogue.

Principaux textes réglementaires

- Décret du 14 novembre 1988 relatif à la protection des travailleurs dans les établissements qui mettent en œuvre des courants électriques, et circulaire du 6 février 1989.
- Arrêté interministériel du 22 octobre 1969 relatif à la conformité aux normes des installations électriques des bâtiments d'habitation.
- Décret du 14 décembre 1972 relatif au contrôle et à l'attestation de conformité des installations électriques intérieures, aux règlements et normes de sécurité en vigueur (dont l'organisme agréé est le Consuel).
- Décret du 12 juin 1973 et arrêté du 22 juin 1973 relatifs à l'équipement en télécommunication des immeubles de logements collectifs.
- Arrêté du 25 juin 1980 relatif au règlement de sécurité contre les risques d'incendie et de panique dans les établissements recevant du public et arrêté du 22 juin 1990 concernant les établissements de 5e catégorie.
- Décret du 15 juin 1976 et arrêté du 18 octobre 1977 concernant la construction des immeubles de grande hauteur (IGH) et la protection contre les risques d'incendie et de panique.
- Arrêté du 26 février 2003 (remplaçant celui du 10 novembre 1976) relatif aux circuits et installations de sécurité, et circulaire du 2 avril 2003.

- Arrêté du 3 mai 1983 relatif à l'établissement des lignes téléphoniques dans les immeubles groupant plusieurs logements.
- Arrêté du 31 janvier 1986 relatif à la protection contre l'incendie des bâtiments d'habitation.

En plus de ces textes nationaux, il faut prendre en considération la directive européenne basse tension qui concerne les matériels mis en œuvre, reprise en France par le décret 95-1081 du 3 octobre 1995. Ce texte vise les exigences essentielles de sécurité auxquelles doivent répondre les matériels électriques à basse tension.

Note

L'arrêté du 22 octobre 1969 cité plus haut ne concerne que les habitations neuves, les surélévations et additions de bâtiment.

L'habitat existant est visé par le règlement sanitaire départemental (art.51) qui impose la conformité à NF C 15-100 dans le cas de renforcement ou de remplacement des circuits.

Quels textes applicables à quels types de locaux ?

Les locaux strictement réservés à l'habitation sont soumis au seul Code de la construction et de l'habitation.

Les services généraux et les locaux où existe une activité commerciale ou artisanale, même réduite à la seule famille et sans employé extérieur, sont soumis au Code du travail (donc le décret du 14 novembre 1988) et au Code de la construction et de l'habitation.

Obligations préalables à la réalisation d'une installation

Les schémas d'une installation sont exigés avant tout début de réalisation. Les textes précisant cette disposition sont :

- Norme NF C 15-100, article 514-5, qui précise que toute installation électrique doit être assortie des schémas, diagrammes, et tableaux indiquant notamment la nature des circuits, la section des conducteurs, les caractéristiques et le type des dispositifs de commande, sectionnement et protection, ainsi que leur emplacement. Le même article précise que soient fournis les hypothèses et calculs qui ont conduit au choix des matériels.

Normes et symboles

Les symboles utilisés dans les schémas doivent être ceux des normes NF C 03-201 et NF EN 60617-13 (UTE C 03-213).

- Décret du 31 octobre 1973, article 25 : « Des plans doivent comporter les tracés schématiques des organes généraux de protection et de distribution d'électricité haute et basse tension [...] Lesdits plans, tracés divers et leur présentation doivent être conformes aux normes en vigueur ». Cette prescription concerne les établissements recevant du public, donc les bureaux et boutiques existant éventuellement dans les immeubles collectifs.
- Décret du 14 novembre 1988, article 55 : « les chefs d'établissement doivent tenir à la disposition de l'inspecteur du travail un dossier comportant : un plan schématique [...] ». Ce texte, pris en application du

Code du travail, s'applique aux locaux de bureau, locaux artisanaux, ainsi qu'aux parties communes et locaux techniques des immeubles d'habitation.

Mise en sécurité des installations existantes

Les locaux d'habitation destinés à la location doivent assurer la sécurité des usagers. Cette disposition concerne les propriétaires et gestionnaires des biens mis en location.

Les textes imposant cette disposition sont :

- le Code civil ;
- les lois des 22 juin 1982, 23 décembre 1986, 6 juillet 1989, et la circulaire du 13 décembre 1982 ;
- le décret du 6 mars 1987. Ce décret fixe les conditions minimales de confort et d'habitabilité auxquelles doivent répondre les locaux mis en location. Concernant les installations électriques, celles-ci doivent assurer la sécurité des utilisateurs.

La mise en sécurité d'un logement est indépendante des travaux de rénovation, réhabilitation, confortement... qui concourent à l'amélioration de l'habitat. Mais ces derniers sont obligatoirement conformes aux normes et textes en vigueur.

En quoi consiste une mise en sécurité ?

Les principaux éléments d'une mise en sécurité sont :

- l'existence d'un dispositif DDR à l'origine de l'installation, dont la sensibilité est appropriée aux conditions de mise à la terre de l'installation ;
- l'existence et l'efficacité des liaisons équipotentielles dans les salles d'eau ;
- l'efficacité des dispositifs de protection contre les surintensités adaptées à la section des conducteurs ;

- l'élimination par des dispositions appropriées des risques de contact direct avec des éléments sous tension (bornes, conducteurs mal isolés, appareils défectueux...) ;
- l'existence d'une prise de terre dont la valeur est appropriée au dispositif DDR à l'origine de l'installation.

Cette énumération n'est pas exhaustive, il appartient aux personnes responsables de prendre les dispositions nécessaires, le cas échéant, en faisant examiner l'installation des services généraux et des locaux privés par un conseiller technique compétent.

Contrôles et vérifications

Contrôles réglementaires

Chaque entreprise qui réalise ou modifie une installation assujettie au décret du 14 décembre 1972 doit remplir une attestation de conformité (modèle Consuel) dans les conditions prescrites. Cette attestation est exigée par le distributeur d'énergie pour connecter l'installation au réseau.

Le Consuel est l'organisme habilité à délivrer les attestations de conformité après les vérifications réglementaires et examen du rapport de vérifications.

Qui contrôle quoi ?

- Le contrôle des installations à partir des bornes de sortie du disjoncteur de branchement est exercé par un agent agréé par le Consuel sur la base de la conformité aux normes et textes en vigueur, en application du décret du 14 décembre 1972.

- Le contrôle des installations de branchement comprises entre le réseau de distribution et l'origine de l'installation intérieure est exercé par le distributeur d'énergie électrique, sur la base de la conformité à la norme NF C 14-100.

Nature des contrôles au titre du Consuel et conformément à NF C 15-100

Les contrôles essentiels portent sur les éléments suivants :

- Résistance des prises de terre : soit par mesure de l'impédance de la boucle de défaut phase/terre, soit par mesure directe avec un ohmmètre de terre. Dans les deux cas, la mesure est effectuée à l'aide d'un appareil spécifique.
- Dispositif de protection à courant différentiel résiduel : la vérification est faite par examen visuel et essai si l'installation est sous tension. Parallèlement à cette vérification, la continuité des conducteurs de protection et des liaisons équipotentielles principales et locales doit être vérifiée.
- Dispositifs de protection contre les surintensités : la vérification est faite par examen visuel (adéquation courant assigné/section des conducteurs).
- Isolement des circuits ; la procédure est la suivante : les appareils d'utilisation doivent être déconnectés. L'isolement est mesuré entre chaque conducteur actif et la terre à l'aide d'un ohmmètre à courant continu, sous 500 V au minimum. Les valeurs mesurées ne doivent pas être inférieures à 500 000 ohms.

Glossaire

Antenne

Dispositif de réception son et image par onde hertzienne. On distingue :

- l'antenne collective : intéressant un immeuble ou un ensemble d'habitations,
- l'antenne communautaire : intéressant un groupe d'immeubles ou un ensemble résidentiel,
- l'antenne individuelle : intéressant une habitation unique.

Borne

Accessoire de raccordement entre conducteur et appareil ou entre conducteurs.

- Classe d'isolation (des matériels)
- Classement compris entre 0 et III indiquant comment est obtenue la sécurité contre le risque de choc électrique :
  - matériel de la classe 0 : ce type de matériel n'est plus admis. La protection reposait sur l'isolation principale. En particulier aucune disposition n'était prévue pour le raccordement des parties conductrices accessibles.
  - matériel de la classe I : matériel comportant des mesures de sécurité sous la forme de moyens de raccordement des parties conductrices accessibles à un conducteur de protection.

- matériel de la classe II : la protection contre les chocs électriques ne repose pas uniquement sur l'isolation principale, mais comporte des mesures supplémentaires de sécurité, telle que la double isolation ou l'isolation renforcée. Ces mesures ne comportent pas de mise à la terre.
- matériel de la classe III : la protection repose sur l'alimentation très basse tension (TBTS ou TBTP) où ne sont pas engendrées de tensions supérieures à 50 V dans les conditions habituelles. Il en résulte que le matériel concerné est alimenté exclusivement par une source TBTS généralement obtenue par un transformateur de séparation. Un matériel de classe III ne doit pas comporter de borne de mise à la terre.

Conducteur actif

Conducteur affecté à la transmission de l'énergie électrique, y compris le conducteur neutre en courant alternatif et le compensateur en courant continu. Le conducteur PEN n'est pas considéré comme conducteur actif. (PEN : voir schéma type TN-C).

Conducteur de mise à la terre du neutre

Conducteur reliant un point du conducteur neutre à une prise de terre.

Conducteur de protection (PE)

Conducteur prescrit dans certaines mesures de protection contre les chocs électriques et destiné à relier électriquement les masses et éléments conducteurs à la prise de terre.

Conducteur d'équipotentialité

Conducteur de protection assurant une liaison équipotentielle.

Conducteur principal de protection

Conducteur de protection auquel sont reliés les conducteurs de protection des masses, les conducteurs de terre, et éventuellement les conducteurs de liaisons équipotentielles.

Contact direct

Contact de personne avec des parties actives.

Contact indirect

Contact de personne avec une masse mise sous tension par suite d'un défaut d'isolement.

Courant admissible

Courant maximal susceptible de se produire en permanence sans que la température du conducteur considéré soit supérieure à celle admise pour l'élément.

Courant d'emploi

Courant établi en service normal. Déterminé en considérant que c'est le courant permanent correspondant à la plus grande puissance utilisée en tenant compte des facteurs de simultanéité éventuels.

Courant de défaut

Courant résultant d'un défaut de l'isolation ou du franchissement de l'isolation.

Courant de défaut à la terre

Courant de défaut qui s'écoule à la terre.

Courant de fonctionnement, ou courant conventionnel de fonctionnement

Courant de fonctionnement réel du dispositif dans le temps conventionnel que celui-ci doit assurer.

Courant de fuite

Courant qui, en l'absence de défaut, s'écoule à la terre ou à des éléments conducteurs. Ce courant peut comporter une composante capacitive, y compris celle qui résulte de l'utilisation de condensateur.

Courant de réglage ou courant assigné

Courant correspondant à la valeur choisie pour le dispositif de protection, qui est celle inscrite sur le dispositif. Il faut savoir qu'elle est, de construction, inférieure dans un rapport déterminé, à celle de fonctionnement réel du dispositif.

Courant différentiel résiduel

Somme vectorielle des courants parcourant tous les conducteurs actifs d'un circuit en un point de l'installation électrique.

Courant faible

Expression qui n'a pas de définition précise. Au début de l'utilisation du téléphone et des processus de mesure ou d'alarme, les professionnels désignaient par « courant faible » les installations telles que la téléphonie et autres systèmes consommant une énergie électrique de l'ordre de 0,001 à 0,1 ampère, par opposition aux installations de puissance au-dessus de ces valeurs.

Aujourd'hui on désigne par « installation VDI » (Voix données images) les installations de câblage des équipements autrefois rassemblés dans le domaine des courants faibles.

Dispositif à courant différentiel résiduel (DDR)

Appareil ou association d'appareils destinés à provoquer l'ouverture des contacts quand un courant différentiel atteint, dans des conditions spécifiées, une valeur donnée.

Les dispositifs peuvent être des interrupteurs ou des disjoncteurs.

Liaison équipotentielle

Liaison électrique mettant au même potentiel ou à des potentiels voisins des masses et des éléments conducteurs. On distingue trois types de ces liaisons :

1. Liaison équipotentielle principale : conducteur auquel sont reliés le conducteur principal de protection, les canalisations métalliques du bâtiment, les éléments métalliques de construction, les gaines métalliques des câbles de télécommunication.
2. Liaison équipotentielle supplémentaire : conducteur assurant une liaison sûre et efficace de parties simultanément accessibles (par une même personne) de matériels conducteurs fixes.

Masse

Partie conductrice d'un matériel électrique susceptible d'être touchée par une personne, qui n'est pas normalement sous tension mais peut le devenir en cas de défaut d'isolement des parties actives de ce matériel.

Parafoudre

Dispositif destiné à diminuer efficacement les surtensions d'origine atmosphérique, généralement par écoulement à la terre. Un parafoudre est un parasurtenseur (voir ce mot).

Parasurtenseur

Dispositif éliminant ou atténuant sensiblement les surtensions pour la protection des appareils sensibles. Ces dispositifs sont souvent appelés parafoudre bien qu'ils ne soient pas réservés aux surtensions d'origine atmosphérique.

Personne autorisée, avertie, qualifiée

Personne admise suivant ses qualités de compétence, à manœuvrer des appareils électriques spécifiques. On distingue :

- Personne autorisée : personne ayant reçu des instructions lui permettant des manœuvres définies dans une installation électrique. Les qualifications sont données par l'Union Technique de l'Électricité (UTE). Il est admis que des personnes non-spécialistes mais averties des dangers d'une installation peuvent intervenir pour des manœuvres simples à l'intérieur d'une armoire ou d'un coffret fermé à clé. La réglementation (code du travail - décret du 14 novembre 1988) définit les personnes autorisées.
- Personne avertie : personne suffisamment informée ou surveillée par des personnes qualifiées pour lui permettre d'éviter les dangers que peut présenter une installation...
- Personne qualifiée : personne ayant des connaissances techniques ou une expérience suffisante pour lui permettre d'éviter les dangers que peut présenter une installation.

Précâblage

Désigne particulièrement les installations VDI (voir ce mot). C'est une installation de base incluant canalisations et tableau de communication en gaine technique, dans le but de permettre aux usagers de connecter tous les appareils de télécommunication et messagerie dont ils peuvent disposer sur le marché. Le précâblage est conçu en prévision d'extensions futures afin d'éviter des câblages complémentaires en tant que de besoin.

Schéma de liaison à la terre

Mode de liaison à la terre du point neutre à l'origine de l'installation. On distingue 4 types de schéma :

- Schéma TT : par ce schéma le point neutre de la source est relié directement à une prise de terre. C'est le type de schéma exclusivement admis dans les immeubles et maisons individuelles destinés à l'habitation à cause de la sécurité maximale qu'il présente sans nécessiter une maintenance ou surveillance.
- Schéma IT : par ce schéma, la source d'alimentation est isolée ou présente un point, généralement le neutre, relié à la terre par une impédance de valeur suffisamment élevée pour qu'un premier défaut d'isolement ne provoque pas l'apparition d'une tension de contact supérieure à la tension limite conventionnelle de sécurité. C'est le type de schéma obligé pour la garantie de fonctionnement d'équipements de sécurité, même en cas d'un premier défaut. Mais il nécessite la présence permanente d'un personnel d'intervention sans délai pour l'élimination d'un premier défaut éventuel. Ce type de schéma peut être réalisé à l'intérieur d'une habitation et avec une source autonome, pour l'alimentation d'équipement pour lequel la continuité de service est une nécessité absolue.
- Schéma TN : par ce schéma un point de la source d'alimentation, généralement le neutre, est relié à la terre et les masses de l'installation sont reliées directement à ce point de telle manière que tout courant de défaut entre un conducteur de phase et la masse constitue un court-circuit franc, provoquant le fonctionnement de la protection de surintensité. On distingue deux types de ce schéma :

- Schéma TN-C : les conducteurs neutres et de protection sont confondus en un seul appelé conducteur PEN.
- Schéma TN-S : le conducteur neutre et celui de protection sont distincts.
- Un schéma TN-S peut exceptionnellement concerner des logements dans le cas où ceux-ci sont inclus dans un immeuble à destination commerciale ou de bureaux, par exemple.

Tableau général basse tension (TGBT)

Support, tableau ou armoire comportant l'appareillage nécessaire à la commande, la protection, et la distribution des circuits principaux aboutissant eux-mêmes à des tableaux secondaires. Le TGBT est situé en principe immédiatement en aval de la source normale d'alimentation. Il est souvent placé dans un local voisin ou contigu de celui de cette source.

Tension de contact Uc

Tension apparaissant, lors d'un défaut d'isolement entre des parties accessibles en même temps. La tension de contact présumée est la plus élevée susceptible d'apparaître en cas de défaut d'impédance négligeable se produisant dans l'installation. Par convention, ce terme n'est utilisé que dans le cadre de la protection contre les contacts indirects. Dans certains cas, la valeur de la tension de contact peut être influencée notablement par l'impédance de la personne en contact avec ces parties.

Tension limite conventionnelle (Ul)

Valeur maximale de la tension de contact qu'il est admis de pouvoir maintenir indéfiniment dans des conditions spécifiées d'influence externe.

Transformateur de séparation

Transformateur dont les enroulements n'ont aucun point commun entre eux ni avec la terre.

Voix – Données - Images (VDI)

Désigne l'ensemble d'installations relatives aux communications. La VDI inclut la téléphonie, les câbles de messagerie, les câbles de liaison aux antennes, les accessoires et appareils électroniques nécessaires aux niveaux de réception réglementaires aux prises des usagers.

Adresses utiles

Consuel

Organisme vérificateur de la conformité des installations électriques. Il intervient à la fin des chantiers et se prononce sur l'obtention du certificat de conformité.

Tour Chantecoq

5 rue Chantecoq

92808 Puteaux

Tél. 01 41 97 86 66

www.consuel.com

CSTB (Centre scientifique et technique du bâtiment)

Organisme de normalisation dans les domaines du bâtiment – Délivre les avis techniques et les DTU (Documents techniques unifiés).

4 avenue du Recteur Poincaré

75782 Paris

Tél. 01 40 50 29 28

www.cstb.fr

FFIE (Fédération française des installateurs électriciens)

5 rue Hamelin

75116 Paris

Tél. 01 44 05 84 00

www.ffie.fr

Promotelec

Mise en place des labels : habitat neuf, habitat existant, confort sécurité, mise en sécurité électrique, Visa Promotelec, Démarche Confiance Sécurité.

Tour Chantecoq

5 rue Chantecoq

92808 Puteaux

Tél. 01 41 97 86 66

www.promotelec.com

UTE (Union technique de l'électricité)

Organisme normalisateur français

33 avenue du Général Leclerc

BP 23

92262 Fontenay-aux-Roses Cedex

Tél. 01 40 93 62 00

www.ute-fr.com

www.ingramcontent.com/pod-product-compliance
Ingram Content Group UK Ltd.
Pitfield, Milton Keynes, MK11 3LW, UK
UKHW021016220726
13924UKWH00001B/4

9 782212 115758